約會心靈

我是大學生活的贏家

邱啟揚、費堅、呂玉◎著

目　錄

第一章 定位自我，人生發展的邏輯起點

歐陽鋒的悲劇：不知道我是誰

站在大學的起跑線上，要給自己一個準確的定位。進而揚自己之長，避自身之短；說該說之話，做該做之事；弄清自己有幾斤幾兩，明白自己是何許人也。於是，未來發展，你就有了一個良好的邏輯起點。

金庸的扛鼎之作《射鵰英雄傳》的結尾處有一段精彩描述，讀過這本書的人應該不會忘記。

黃蓉見父親、師父、郭靖三人相繼敗陣，早在苦思對付這瘋漢之法，但左思右想，實無妙策，突然聽他相問。又見他手舞足蹈，神情怪異，給日光一照，身後影子更是可怖，心中靈機一動，道：「誰說你是天下第一？有一個人你就打不過。」

歐陽鋒大怒，捶胸叫道：「是誰？是誰？叫他來跟我比武！」黃蓉雙目凝視著他的眼光，暗暗運起「九陰真經」中所載的攝心大法。當日洞庭湖君山丐幫大會之中，她曾以此法誘得彭長老大笑難止。

這原是一種攻心之術，對內力較淺之人，施之有效，但對方若是武林高手，心神堅穩難移，施術者反受其害，經中諄諄告誡，載得明白。此時黃蓉一來別無他法，二來見歐陽鋒說話行事顛三倒四，當下冒險一試。

歐陽鋒若在平日，功行九轉，這攝心法那能奈何得了他？給她

一個運功反擊，黃蓉內力不足，定為所制。

但此時他心神散亂，被黃蓉目光逼視過來，竟然難以自主，只是連問：「是誰？是誰？叫他來跟我比武！」

黃蓉目不稍瞬，說道：「此人武功了得，你定然打不過他。」歐陽鋒道：「是誰？是誰？叫他來跟我比武！」黃蓉道：「他名叫歐陽鋒。」歐陽鋒搔搔頭皮，道：「歐陽鋒？」黃蓉道：「不錯，你武功雖好，卻打不過歐陽鋒。」

歐陽鋒心中愈是糊塗，覺得「歐陽鋒」這名字好熟，向來為自己最親近之人，可是自己是誰呢？脫口問道：「我是誰？」黃蓉冷笑道：「你就是你，你自己都不知道，怎來問我？」

歐陽鋒心中一寒，愈要追尋自己是誰，愈是想不明白，須知智力超異之人，有時獨自冥思，常會想到：「我是誰？我生前是什麼？死後又是什麼？」等等疑問。古來哲人，常致以此自苦。歐陽鋒才智卓絕，這些疑問有時亦曾在腦海中一晃而過，此時給黃蓉一說，不覺四顧茫然，喃喃道：「我，我是誰？我身在何處？我怎麼了？」

黃蓉道：「歐陽鋒要找你比武，要搶你的九陰真經。」歐陽鋒道：「他在那裡？」黃蓉指著他身後的影子道：「喏，他就在你背後。」歐陽鋒猛然回過頭來，只見自己的影子森然站著，怔了一怔。黃蓉道：「他要打你了！」

歐陽鋒蹲低身子，向影子劈了一掌，那影子同時發出一掌。歐陽鋒大急，左掌右掌，連環邀擊，那影子也是雙手抖動不已。歐陽鋒見他來勢厲害，轉身相避，他面向日光，影子已在身後。他見敵人忽然不見，大叫：「往那裡逃？」向左搶上數步。

左邊是一座光禿禿的山壁，日光將他影子映在壁上，更像是個直立的敵人。歐陽鋒猛劈一拳，擊在石上，只疼得他骨節欲碎，大

叫：「好厲害！」隨即飛出一腳。但見山壁上的影子也是一腳踢來，雙足相撞，歐陽鋒奇痛難當，不敢再鬥，轉身便逃。

此時他是迎日而奔，果然不見了敵人，他竄出丈餘，回頭一望，只見影子緊隨在後，嚇得大叫：「讓你天下第一，我認輸便是。」那影子動也不動。歐陽鋒轉身再奔，微一回頭，仍見影子緊緊跟隨。他驅之不去，鬥之不勝，只嚇得心肝膽俱裂，邊叫邊號，直往山下逃去。過了片刻，隱隱聽到他的叫聲在山坡傳來，仍是：「別追我，別追我！」黃藥師與洪七公眼見這位一代武學大宗師竟如此下場，不禁相顧嘆息。

黃蓉適才用神疲累，盤膝坐著用了一會功，這才站起，此時歐陽鋒的叫聲時斷時續，已在數里之外，但山谷中迴音不絕，四人身旁雖陽光明亮，心中卻都微微感到一陣寒意。洪七公嘆道：「此人命不久矣。」

儘管這只是小說，但是歐陽鋒的悲劇命運仍令我們扼腕長嘆。

一個人如果不知道「我是誰」，自我的喪失將使他如同行屍走肉。

一個人如果沒有想過「我是誰」，任環境而驅使，隨潮流而逐波，不斷地改變自己，甚至於委屈自己來求全外界，常常把自己搞得很辛苦，生活狀態卻可能每況愈下。所以這些當然是我們所不希望出現，但事實上一定會出現的。

尤其是在人生的轉折期，進入一種新的生活狀態，新的外部環境，新的人生階段，面對新的參照系，新的要求與新的評價標準，有關「我是誰」的自我分析與自我反省就顯得尤為必要。最典型的莫過於剛剛進入大學的新生了。經歷了十二年的寒窗之苦，體驗了「黑色百日」的殘酷洗禮，在眾人羨歎中走進了大學這座象牙塔，帶著高中時期的無數夢想，對大學生活充滿了無限的瑕想。但當夜

深人靜之時，所有的讚美聲都漸漸的遠去，過去熟悉的生活不再復演，看著大學繽紛的世界，面對自己即將到來的大學生活，心底可能湧上一絲淡淡的恐慌，一種說不清、道不明的迷茫，感覺忽然失去了往日的自我。而新的「我」應該是個什麼樣呢？尚未找到明確的定位。於是，很可能在新的集體中找不到自己的位置；很可能找不準自己未來的發展方向；很可能找不到與他人相互關係的正確準則，由此而引發一系列生活問題、學習問題，進入形成形形色色的心理問題。

應當說，大學新生在入學之初經歷短暫的不適應甚至「迷惘」是正常的，甚至是很有必要的，沒有迷惘，怎麼會引發思考呢？沒有思考又那來的自我分析與自我反省呢？當然，若是一味地「迷惘」下去，就會阻礙學業的順利完成和身心的健康發展。

具體說來，大學生的自我分析主要應從以下幾個方面展開。

我 的 社 會 角 色

所謂社會角色，是指與人們的某種社會地位、身分相一致的一整套權利、義務的規範與行為模式，它是人們對具有特定身分的人的行為期望。這段話包括兩層意思：其一，任何一種角色都與一系列行為模式相關，一定的角色必有相應的權利義務。如病人既有配合醫療護理的義務，又有獲取健康教育、治療護理的權利。其二，角色是人們對處於一定社會位置的人的行為期待，如一提到教師，就會想到教書育人、誨人不倦等行為特徵。

社會心理學告訴我們，人在生活中要同時承擔著很多社會角色，在家裡，是父母，是子女，是兄弟姐妹；在社會上，是朋友，是熟人；在學校，是老師，是同學；在工作單位，是上司，是同事，是下屬。在特定情境中，每一個人都要按自己的角色行事，如

果發生角色錯位，那一系列的麻煩事就不期而至了。

那麼大學生的社會角色有那些特徵呢？

讓我們先從對「大學生」這個詞的分析說起。大學生首先是學生，學生以學為主，以學習前人累積起來的間接經驗為主。因此，課堂學習、書本知識的學習仍是我們學習生活的主線。這一點，不僅不可動搖，還需牢牢把握。此外，大學生雖是學生，但又不同於中學生、小學生。社會把教育劃分為基礎教育與高等教育，這二者的區別是，前者側重於基礎文明，後者側重於謀生技能。學習的內容不同，學習的方式也就隨之而發生變化。再則，大學階段還可視為一個人進入「準社會」的階段，社會技能的學習，其重要性與必要性也突現出來了。凡此種種，使得大學生這個社會角色既具有學生的本質特徵，又與中、小學生具有顯著區別。具體說來，大學生的社會角色要求表現在以下諸方面。

第一，學習內容的選擇者。

大學生應是學習內容的主動選擇者。在大學裡，同專業的同學雖然學習同樣的課程，但學習空間與自由度其實很大。每一門課，特別是專業課，都只是給你展示一個視角而已。專業老師在上課時會給你開出很多的參考書目，不過並不是每一本參考書目你都要仔細閱讀。要學會選擇自己的感興趣的學習內容，建構自己的知識體系。同一個專業的學生在畢業時專業知識體繫有很大差別，原因就在於每一位同學選擇的學習內容的側重點不同。

第二，學習策略的執行者。

大學生應是學習策略有意識的執行者。能跨進大學的門檻，相信每一個人有會有自己的一套學習策略，也許你自己沒有意識到它的存在。進入大學，與其說比拚的是勤奮程度、毅力，還不如說是比拚學習策略。如果你能夠在較短的時間內獲得其他同學透過較長

時間才能達到的學習效果，你就能有更多的時間學習更多的東西。大學的時間太寶貴，有良好學習策略的人會更容易勝出。

第三，學習計劃的制定者。

在大學生活中碩果累累的人必定製定了一套相對完善的、符合自己實際情況的學習計劃（書面化或非書面化的）。以前我們沒有必要制定學習計劃，因為老師給我們安排的學習內容已經足夠使我們每天挑燈夜戰且勉為其難了。進入大學之後，學習計劃就顯得非常重要，因為可自由支配的時間多了，擁有的各種資源就更多了，所以，要學會統籌規劃，才能有的放矢。

第四，學習時間的主宰者。

在大學裡，你一定要學會安排自己的時間。因為沒有老師會把你的學習任務安排得滿滿的。一個讓你開始感到高興，後來又會抱怨但又是很正常的現象是：上完課就很難看到老師的影子。除了統一的上課時間，所有的大學生活的時間就都是你自己的了。總的原則是：我們不一定每一分鐘都用於讀書，但每一分鐘都要過得有意義，有利於自己發展與成才。我們認為，大學生的時間安排最好的比例是：60%的時間用來學習，30%的時間用來參加社會活動，10%的時間用來人際交往、娛樂活動。

第五，未來生活設計者。

有句廣告詞叫做：「我的人生我作主」。套用這句話，我們說，「我的大學我作主」。我們應該去設計自己的大學生活。學習、實踐、社會活動、學生幹部，究竟應該側重那一方面？沒有對與錯，只有合適與不合適。但一定要有想法，不能糊裡糊塗；不能人云亦云，設計好之後更要踏實地付諸實踐。

第六，自我生活的管理者。

上中學的時候，父母可能對我們說，只要你把成績念上去，其

他的都由我們負責了。這是一個謊言！一旦你進入大學，所有的生活問題只能由你自己負責。這當然直接影響到你的生活質量，間接影響到的學習活動，甚至與他人（重點是同宿舍者）的相互關係。所以，能否妥善管理自我生活，是重要的一課，也是必過的一關。

第七，社會活動的實踐者

大學生再也不能讀死書、死讀書了。不管你今後走那一條路，在大學階段參與各種形式的社會實踐都不可或缺。對於社會實踐活動，我們不能把它當作好玩，或視為負擔；也不能把它作為賺錢的手段（並不排斥有點收入）。這裡，最重要的是一種人生體驗。一個成熟的人必是有著豐富經歷的人。一位人才學家對「土」作了最為精僻的詮釋———「生在農村、長在農村、老在農村、死在農村為土；生在城市、長在城市、老在城市、死在城市為土，結論：久居一地為土」。把這段話是升到理論高度就是：一生的生活方式、生活內容單一就是「土」。大學的空間、大學的時間為參與社會活動提供了可能、提供了機遇。放過它、浪費它都是對自己不負責任的表現。

我的社會位置

在明了了自己的社會角色之後，就要考量自己的社會位置了。一個人擺正自己的位置很重要，許多人際關係問題、心態失衡現象、工作、學習未能取得預期的績效，都與自己沒有擺正位置有關。從中學走向大學，從家庭生活走向集體生活，我們的社會角色變了，我們的社會位置也隨之而改變，意識不到這一點，麻煩還真不小。大學生，尤其是新生，最普遍的錯位表現為下述三大誤區：

誤區一：我是天之驕子。

也許，你與兒時的夥伴在一起的時候，你能招來羨慕甚至敬佩的目光；也許，你與那些一起奮戰大學而最終落選榜的高中同學在一起你可以這樣有優越感。但是，僅限於此。走進了大學校門之後，你如果還是這樣認為，最終給你帶來的就是失落感。這裡沒人會把你當作驕子，因為大家都是驕子，所有的驕子聚在一起，大家都很了不起，同時大家也都沒有什麼了不起的。再則，走在校園裡，一眼望過去，不是和你一樣的大學生，就是比你還「高」的碩士生，博士生，剩下的就是「更高」的老師了。即使是學校裡的職員，你也得以老師相稱，並且要服從他們的管理。這裡乾脆把話說明白了吧，在校園裡，論地位可能就是你最低了。這裡沒人捧你，也沒有哄你，這與你以前的生活狀態相比有很大落差，但這是現實，你只能無條件地接受這個現實。

　　誤區二：我依然是佼佼者

　　從某種意義上來講，能考上好大學的學生在中學階段大部分都是學校內的佼佼者，是生活中的中心人物，都有輝煌的過去。進入大學以後，由於參照體系的變化，在新的集體中得重排「座次」。只有少數人能保持原來的中心的角色，大部分人將從中心角色向普通角色轉變。如果你是以學業成績優秀而建立起自信心，並且用原來的信念推論出學習成績不好個人價值就低的結論，將沉重打擊你的自尊心和自信心。

　　一個來自偏鄉的學生考上了一所全國著名的大學。這位同學在中學階段考試得全縣第一，沒人感到吃驚，得不到第一則是新聞。在奔赴大學的路上，他在火車上徹夜不眠，滿腦袋都是對未來的憧憬。他的自我感覺是，成為大科學家，指日可待。進校以後，做夢也沒想到的事竟然發生了：連續幾次考試，他都是全班倒數第一。他根本無法接受這一現實，他的心理世界徹底崩潰了，最終的選擇是輕生。

悲劇的根源在那裡？井底之蛙，自視甚高，當一幫強者作為他的參照係數時，挫折感平地而起，瞬間擊潰了他那有限的心理承受力。他感到實在丟不起這個人，更找不到合適的傾訴之地、傾訴之人，於是，輕生的念頭悄悄浮現在他的腦海裡；於是，一個年輕的生命被毫無意義地葬送了。

誤區三：在宿舍裡，我還是「熊貓」

宿舍是我們最主要的生活環境，室友是比同學還要接近的朋友，因為是真正意義上的朝夕相處。與他們搞好關係，自然特別重要。搞好關係，最重要的不是吃吃喝喝，而是相互擺正位置。千萬不要以為像在家裡一樣，以為我還是「熊貓」——重點保護對象。誠然，在家裡的時候，特別是在高中階段，家裡人不管老少，都要服從於你的生活習慣。你睡覺了，全家人都得安靜；你看電視，聲音想多大就多大；總之，你可以為所欲為，家人則唯你是從。考試中的子女，大多在家裡就是這種待遇。可是到了學校，在宿舍裡，為所欲為是會引起公憤的。你的每一個行為都要考慮是否會影響別人、妨礙別人；你的每一個舉動都要從公眾利益的角度去衡量是否得當。你必須從自我中心裡走出來，你做的每一件事情不僅要考慮能否滿足自身的需要，還要顧及是否侵害了別人的利益。此外，對於不同的生活習慣，自己要學會收斂；他人要學會容忍。只有這樣，才算是找準了自己的位置。

我所擁有的資源

讓我們設想這麼一個情境：你到飯店去，點了一大桌子的菜，你沒有吃完，有些菜可能動都沒動，臨走時也沒有打包。到結帳的時候，這些菜是不是還得由你來付錢呢？結論非常明確，肯定得由你付錢。只要你點了，你吃沒吃？吃了多少？與別人無關。

同理，大學裡會給學生很多的資源，至於這些資源你用沒有用？用了多少？那就是你的事了。

　　一位大一的新生在一封求助信中抱怨到：「感覺進入大學就像是上了當一樣。想當初，全社會的人都在嚮往著大學，似乎進了大學就是另外一個世界，我也為了能進大學，拚了全身的力氣，弄得全家都緊張兮兮的，好不容易實現了自己的目標，踏進了大學的校門。我認為大學多麼的神奇呢，進入大學才感覺到自己像是上了當一樣的失落，日子過得很空虛，除了每日正常上下課以外，其他的時間感覺無所事事，真是沒意思，學的知識還不如在高中時候學多，真是搞不懂這個大學有什麼值得大家那麼嚮往的。」

　　其實，大學之所以令所有的人嚮往，自有它的魅力所在，只不過有人還沒有發現而已。

　　大學生經過了四年的洗禮後，有些人只得到一紙文憑，而有些人卻收獲頗豐。原因自然是多方面的，其中很重要的一條就是他們不同程度地利用了大學的資源。

　　在大學階段可資利用的資源有：

　　第一，資深的師資群。

　　前清華大學著名校長梅貽琦說的好「大學之大，非大樓也，乃大師也！」大學裡有很多知名的教授，這是大學的最重要的資源，如果你沒有好好的利用它，那你就浪費了很大的資源。

　　很多的大學生還是沒有從中學生的身分中轉變過來，他們認為上學就是學好書本的知識，很少跟老師主動的交流思想。甚至有些同學出現了問題，不主動請教，而是等待老師過來詢問，這種想法是不對的，要想充分利用大學裡的師資資源，我們必須主動出擊。雖然很多教授上課才來，下課就走。似乎不可接近，但是，只要你勇於向他提問，絕大多數教師都能做到「誨人不倦」，因為這是最

基本的職業道德。但「送貨上門」的情況可不多見喲。

有的老師實踐性比較強，有的老師理論功底比較的深厚；有的老師研究比較接近現實生活，有的老師研究離現實的生活較遠，我們可以根據老師的不同的研究特點向老師請教。同時，我們還可以根據自己的興趣去請教老師。

不要怕自己的想法幼稚，只要有想法就一定提出來，也許我們的理論背景很少，受到的束縛也就很少，我們的想法可能非常有創見。也許在和老師的交流過程中，會受到一些啟發，找到了自己的今生發展的方向。

不僅僅是學習上的事情，就是生活中的事情，有關做人道理方面的問題也可以向老師請教，老師會從更高的角度來審視我們的困惑，會讓我們「柳暗花明又一村」。

如果你有機會跟著老師一起做研究，那就有更好的機會了，千萬不能把問題堆積起來或者繞開走，尤其是在一些關鍵問題上要多請教。能夠提出問題正是研究的開始，要鍛鍊自己這種能力，慢慢培養自己解決問題的能力。這樣多多向老師交流，四年下來，你會有很多的收獲。

第二，各種學術講座。

在大學裡，為了擴大學生的知識面和豐富學生的課餘生活，經常舉辦各種各樣的講座。如果時間不衝突，千萬不要錯過。講座可以說是一種課堂的補充。是一種高效率的「充電」。

與課堂相比，講座涉及的面比較的廣，並且非常精彩。一個人的講座，通常是他研究中最得意的部分，也許他自己花了幾年甚至十幾十年的時間看了大量的書的一些感悟或靈感，並且經過了充分的構思和設想，才開了這樣一場講座，所以要比課堂精彩的多。

與看書相比，講座要生動得多。可能你能找到一些經典的講座

彙編成的書，但是你看了一遍講座的講稿，和親自去聽了一場講座，效果是截然不同的。透過資深教授的聲情並茂的講解，你是透過各種感官都受到了刺激，會給你帶來很多的靈感和震撼，而看書則只是眼睛一種感官受到刺激，很容易產生疲勞。此外，去聽講座，你還可以直接的提問老師一些問題，跟老師單獨交流，雖然時間很短，但是可能比你看很多的書都有效果。

講座，不僅僅要聽與本專業相關的講座，還可以聽一些拓展型的講座，如：現代科技發展動向，各種哲學思潮，文學作品分析，音樂名家介紹等等。在四年裡，如果能夠多聽一些講座，你肯定會有很多的收獲。

第三，豐富的圖書資源。

圖書館在國外被稱為「大學的心臟」，在大學裡的所有學習資源中，圖書館應該是大學生最親密的「夥伴」。大學的學習離不開圖書館，能否很好地利用圖書館，幾乎就意味著你的大學學習是否成功。

圖書館裡有各種藏書，可以拓展我們的專業知識，你可以在圖書館找到與我們所開設的課程相關的書目、期刊，瞭解學術前沿動態。可以提升我們的眼界，拓寬我們的視野。你可以「漫無目的」地在圖書館裡找你自己想看的書，「開卷有益」，我們的見識會慢慢的提高。

此外，圖書館這個資源還教會了我們一個受益終身的能力：學會檢索。在這個知識爆炸的時代，我們每一個人都應該具備檢索資訊的能力，即：在浩瀚的知識海洋中迅速找到自己想要的東西。對圖書館的充分利用則可以達到這個目的。我們想要的資訊會散佈在各種圖書、期刊和電子文獻中，我們在搜索資訊的同時也鍛鍊了這樣一種能力，「最有用的知識就是關於方法的知識」，這種能力對我們今後的生活有很大的幫助。

第四，閱覽室資源。

圖書館一般有很大的閱覽室，那裡有很濃厚的讀書氛圍，你可以到那自習，而且，閱覽室裡有很多的期刊，你可以多閱讀與自己專業有關的期刊，也可以瀏覽雜誌，雖然是一種快餐文化，但也是拓展知識面、娛悅身心的契機。

第五，多媒體視聽室。

一般大學裡都有多媒體視聽室，只需要辦一張閱覽證就可以隨時過去聽外語，或者看一些外國的影片，娛樂的同時可以提高自己的外語語感。

第六，實驗室裝置。

大學裡的實驗室裝置通常是比較齊全而先進的。這些資源一般非常昂貴，離開了大學，接觸的機會就很少了。

第七，上網區。

大學的機房是上網的最好的場所，比起學校周圍的網咖，上網區不用錢，而且裝置比較安全。有的同學在網咖上網，很容易使硬碟染上病毒。如果是在期末考試的期間，好不容易做的作業就這樣被病毒吞吃，確實是一件傷腦筋的事情。

第八，體育設備。

大學裡有豐富的體育設備，憑著自己的學生證，就可以領取你想要的裝備，進行體育鍛煉。定期的參加體育鍛煉既可以調節自己的學習生活又可以鍛鍊身體。很多的大學生總是以沒有時間為藉口，參加體育鍛煉，四年下來，身體素質急劇下降，在找工作的時候就吃虧在身體上了。

第九，自習教室。

很多大學裡沒有固定的教室，這就為我們個性化的學習提供了

非常好的條件。有的同學喜歡人少的、非常安靜的環境，有的學生則喜歡很多人在一起看書，因為那裡有一種讀書的氛圍。你就可以根據自己的喜好自主地選擇教室。可以說，只有在大學裡才能找到這麼好的環境。

第十，各種社團活動。

大學裡各種社團活動也是一個重要的資源。我們不僅僅要學好專業課，而是要發展自己各方面的才能，充分利用社團活動的機會完善自己。在這裡，可以向學長學姐們請教，學會與人溝通，協同合作等能力。這是一個難得的沒有任何的利益衝突的鍛鍊機會。

第十一，多種校外資源。

除了校內資源，我們還擁有很多校外的資源，這些資源是社會所賦予「大學生」這個角色的獨特的權利和認同。由於大學生是踏入社會之前的最後一步，並且大學生是一個高素質群體，所以很多的企業，單位願意給大學生提供一些走進社會之前的實習，這就構成了大學生所特有的「校外資源」。一般包括：贊助活動，暑期實習，創業。

現在大學生搞活動一般會和外面的企業相結合，企業給大學生的活動出一些贊助費，然後大學生會為企業做一些宣傳，例如：義演，發傳單等。要學會充分的利用這些機會不斷提高自己的綜合素質。

暑假，很多的單位會為大學生提供實習的機會，這是走進社會的一個演習，一定要學會充分的利用好這個資源，說不定在實習中的充分表現畢業後就能把你留了下來。即使不能，也能擴大自己的交往面，交際能力等。這是社會所賦予的「大學生」特有的認同。

有些大學生利用在校課餘時間開始了自己的創業嘗試。這也是一個絕好的時機，一方面以學生的身分創業，有很多的優惠政策，

另一方面，即使創業失敗了，還可以累積經驗，畢業了就可以從頭再來。或者知道了自己不適合創業，也不耽擱找工作。

盛宴已經擺開，吃不吃？吃多少？別人就無法替代了。

特別提醒：浪費資源的人是最愚蠢的人。

我的能耐在哪裡

能力是直接影響活動效率，使活動順利完成的個性心理特徵。對於智力正常的人來說，每個人都有能力，但其優勢各不相同人與人之間存在很大的差異性。比如，有人能歌善舞；有人擅長跑跳；有人長於宣傳；有人善於管理；有人記憶力特強；有人觀察力敏銳。即使是同一種能力，不同的人表現也不盡相同，以注意力為例，有人注意範圍廣，有人注意穩定性高。一個人往往有多種能力，形成自己獨特的能力系統。在這個獨特的能力體系中，每一個人的優勢能力是不一樣的，那些成就了一番事業的人的人並不是各方面的能力的都處於很高的水平，而是找到了自己的長處、自己的能耐，並使之最大化。

所以，我們不必為某些能力不盡如人意而憂心忡忡，重要的是發現自己能力的優勢點，用到最恰當的地方，並且把它發揮到極致，這樣你必有一個光明的未來。

說兩個文獻上看到的具體例證。

有個小屁孩大學落榜後，心情非常沮喪，於是成天遊手好閒，心煩了便上街「打人」，發洩憤懣，成了人見人怕、遠近聞名的「打手」。某日，小屁孩應「邀」進某大學「打人」，恰巧該校正在大禮堂舉行一場題為「專家教你成功之路」的演講，被打的對象正在聽報告，於是小屁孩就立在門口等著。在等待的過程中，小屁

孩無意間聽到了老教授的報告：「每個人都有自己的長處，要想成就偉業，你就得善用自己的長處。」小屁孩聽後深受啟發。散會後，他找到了這位老教授，滿臉沮喪地問道：「您說每個人都有自己的長處，可我卻什麼也沒有啊！」老教授瞭解小屁孩的一些情況後，和藹地說：「你現在不就正準備利用你的長處嗎？」小屁孩暈了。老教授接著說：「『打人』其實也是一種長處，只看你用他來幹什麼。如果你把它用於打擊邪惡勢力，懲治犯罪分子，那你就實現了你的人生價值，甚至能以之成就一番事業呢！」在老教授的指點下，小屁孩終於若有所悟。於是，在當年進了警校。在警察生涯，他表現突出，屢次勇鬥歹徒而立功受獎。退休後，他更加兢兢業業，現在是事業有成的企業家了。

美國國際商業機器總經理之子托馬斯·沃森，小時是個末段班學生，跟他聲名顯赫的父親相比，他簡直是個低能兒。在讀商業學校時，他的各科學業全靠一名家庭教師的鼎力相助才勉強過關。後來他開始學飛行，卻意外地有種如魚得水的感覺，他發現他駕駛飛機竟是那樣得心應手，這使他對自己的信心倍增。第二次世界大戰期間，他當上了一名空軍軍官。這段經歷使他意識到自己「有一個富有條理的大腦，能抓住主要東西，並能把它準確地傳達給別人」。沃森最終繼承父業成為公司總經理，使公司迅速跨入了資訊時代，並使年盈利額在15年裡增長了10倍。

可見，找到自己的長處是一個人成功的重要策略之一。在大學裡，我們每一個人要做的事情就是要發現自己的長處，自己的能耐，經營自己的長處，讓自己取得一定的不可替代性，這是成功的關鍵所在。可能你不太適合搞學術，但是你很強的社會活動能力；可能你不喜歡參加社會活動，但是很喜歡讀書。只要找到自己的能耐所在，你就向成功更近了一步。

然而，找到自己能耐在哪裡並不是一件容易的事情，有時候需

要我們付出很大的代價。

　　作家斯貝克一開始並沒有意識到自己會成為作家，曾幾次改行。開始，因為他身高一米九多，愛上了籃球運動，成為市男子籃球隊員。因為球技一般，年齡漸長，又改行當了專業畫家。他的畫技也無過人之處，當他給報刊繪畫時，偶爾也寫點短文，終於發現自己的寫作才能，從此走上了文學創作的道路。

　　有些人會因為看到自己的弱點而自卑，長時間情緒低落，甚至為了避免挫敗感而封閉自己；但也有些人看到弱點卻不會對自己整體否定，他們知道自己在某些方面不如人，但仍有自己長處和價值。因此，對自己弱點的「發現」，既可能成為成長的阻力，也可能成為成長的助力，關鍵在於你如何看自己。大學裡不是要你「取長補短」而是要你「揚長避短」，只要你能找到自己的長處，並且最大限度的發揮出來，就能夠擁有一個色彩斑斕的大學生活，更會擁有一個無限光明的未來。

　　如何才能夠儘快地找到自己的能耐所在呢？

　　首先，要學會認識自己。在古希臘的「戴爾波伊神託所」的門口矗立著一塊古老的石碑，上面寫著很醒目、很發人深省的大字：「認識你自己！」這句名言被著名的思想家盧梭稱讚為「比倫理學家們的一切鉅著都更為重要、更為深奧的至理名言」。

　　也許以前我們的生活很被動，沒有認真的思考過自己到底適合做什麼，但是，畢竟對自己還是有所瞭解的，進入大學之後，我們就要根據以前的生活經歷，學會分析自己，儘可能全面地認識自己。

　　其次，要多嘗試。在不斷的嘗試的過程中，才能夠真正找到自己的能耐所在。這是一個不爭的事實。大學的生活空間很多，有可能的話儘量的多嘗試一些事情。多經歷一些事情，慢慢的摸索，也

許發現自己的能耐只是在不經意間的嘗試中找到了靈感。光是在那裡憑藉著自己以前的經驗瞎想是不行的，這樣就喪失了大學的真正價值所在。

再次，要有一個樂觀的心態。我們要相信每一個人都有自己的長處，並且相信透過自己的不斷地摸索能找到自己的能力所在，無論摸索的過程是多麼的艱難，摸索的時間是多麼的長，都不要輕言放棄。相信自己絕非一無是處，只要努力，一定能找到自己的閃光點。

我的興趣所在

古人云：「知之者不如好之者，好之者不如樂之者」。興趣所在，再苦的事不覺得苦。缺乏興趣，在別人看來很有誘惑力的事而你卻味同嚼蠟。興趣是個體以特定的事物、活動及人為對象，所產生的積極的和帶有傾向性、選擇性的態度和情緒。每個人都會對他感興趣的事物給予優先注意和積極地探索，並表現出心馳神往。例如，對美術感興趣的人，對各種油畫、美展、攝影都會認真觀賞、評點，對好的作品進行收藏、模仿；對錢幣感興趣的人，會想盡辦法對古今中外的各種錢幣進行收集、珍藏、研究。任何一種興趣都是由於獲得這方面的知識或參與這種活動而使人體驗到情緒上的滿足而產生的。例如，一個人對跳舞感興趣，他就會主動地、積極尋找機會去參加，而且在跳舞時感到愉悅、放鬆和樂趣，表現出積極而自覺自願。

興趣對一個人的個性形成和發展、對一個人的生活和活動有巨大的作用，這種作用主要表現在以下幾個方面：

第一，對未來活動的準備作用。一名中學生對化學感興趣，就可能激勵他累積各種化學知識，研究各種化學現象，為將來研究和

從事化學方面的工作打基礎，做準備。

第二，對正在進行的活動起推動作用。興趣是一種具有濃厚情感的志趣活動，它可以使人集中精力去獲得知識，並創造性地完成當前的活動。美國著名華人學者丁肇中教授就曾經深有感觸地說：「任何科學研究，最重要的是要看對自己所從事的工作有沒有興趣，換句話說，也就是有沒有事業心，這不能有任何強迫......比如搞物理實驗，因為我有興趣，我可以兩天兩夜、甚至三天三夜在實驗室裡，守在儀器旁，我急切地希望發現我所要探索的東西。」

第三，對活動的創造性態度的促進作用。興趣會促使人深入鑽研、創造性的工作和學習。就中學生來說，對一門課程感興趣，會促使他刻苦鑽研，並且進行創造性的思維，不僅會使他的學習成績大大提高，而且會大大地改善學習方法，提高學習效率。

由此可知，人的興趣不僅是在學習、活動中發生和發展起來的，而且又是認識和從事活動的巨大動力。它可以使人智力得到開放，知識得以豐富，眼界得到開闊，並會使人善於適應環境，對生活充滿熱情。興趣確實對人的個性形成和發展起巨大作用。

很多的大學生，在進入大學之前生活都是由家長所規定好了的，小學的時候生活目標就是上一個好的國中，國中時候的目標就是考一個好高中，高中的目標就是考一個好的大學。進入大學之後，忽然不知道自己的目標在哪裡？考研究所究所？找工作？如何去找？不知道，更不知道從小到大自己的興趣什麼？於是你勢必陷於茫然。

進入大學，我們必須經常問問自己，我的興趣在哪裡？

至於如何找到自己的興趣，李開復先生的一篇文章《培養興趣：開拓視野，立定志向》中闡述的非常清晰，並且對我們的生活有很大的啟發意義，謹節錄於次。

有些大學生朋友問我，如何像我一樣能找到自己的興趣呢？我覺得，首先要客觀地評估和尋找自己的興趣所在。不要把社會、家人或朋友認可和看重的事當做自己的愛好；不要以為有趣的事就是自己的興趣所在，而是要親身體驗它並用自己的頭腦做出判斷；不要以為有興趣的事情就可以成為自己的職業，例如，喜歡玩網路遊戲並不代表你會喜歡或有能力開發網路遊戲。不要以為有興趣就意味著自己有這方面的天賦，不過，你可以儘量尋找天賦和興趣的最佳結合點。例如，如果你對數學有天賦但又喜歡電腦專業，那麼你完全可以做電腦理論方面的研究工作。

最好的尋找興趣點的方法是開拓自己的視野，接觸眾多的領域。唯有接觸，你才能嘗試；唯有嘗試，你才能找到自己的最愛。而大學正是這樣一個可以讓你接觸並嘗試眾多領域的獨一無二的場所。因此，大學生應當更好地把握在校時間，充分利用學校的資源，透過使用圖書館資源、旁聽課程、搜索網路、聽講座、打工、參加社團活動、與朋友交流、使用電子郵件和數位論壇等不同方式，接觸更多的領域、更多的工作類型和更多的專家學者。當年，如果我只是乖乖地到法律系上課，而不去嘗試旁聽資訊系的課程，我就不會去電算機中心打工，也不會去找資訊系的助教切磋，就更不會發現自己對電腦的濃厚興趣。

透過開拓視野和接觸嘗試，如果你發現了自己真正的興趣愛好，這時就可以去嘗試轉系的可能性，嘗試課外學習、選修或旁聽相關課程。你也可以去找一些打工或假期實習的機會，進一步理解相關行業的工作性質。或者，努力去考自己感興趣專業的研究生，重新進行一次專業選擇。其實，大學讀什麼專業並不能完全決定畢業後的工作方向。正如我所強調的那樣，大學期間的學習過程培養的是你的學習能力，只要具備了這種能力，即使從事的是全新的工作，你也能在邊做邊學的過程中獲取足夠的知識和經驗。

除了「選你所愛」，大家也不妨試試「愛你所選」。有些同學後悔自己在入學時選錯了專業，以至於對所學的專業缺乏興趣，沒有學習動力。有些同學則因為追尋興趣而「走火入魔」，畢業後才發現荒廢了本專業的課程。另一些同學因為在學習上遇到了困難或對本專業抱有偏見，就以興趣為藉口，不願意面對自己的專業。這些做法都是不正確的。在大學中，轉系可能並不容易，所以，大家首先應盡力試著把本專業讀好，並在學習過程中逐漸培養自己對本專業的興趣。此外，一個專業裡可能有很多不同的領域，也許你對專業裡的某一個領域會有興趣。現在，有很多專業發展了交叉學科，兩個專業的結合往往是新的增長點。因此，只要多接觸、多嘗試，你也許就會碰到自己真正感興趣的方向。「數字筆」的發明人王堅博士在微軟亞洲研究院負責使用者介面的研究，可是誰又能想到他從大學到博士所學的都是心理學專業。而使用者介面又正是電腦和心理學專業的最佳結合點。另一方面，就算你畢業後要從事其他的行業，你依然可以把自己的專業讀好，這同樣能成為你在新行業中的優勢。例如，有一位同學不喜歡讀工科，想畢業後進入服務業發展。我就建議他先把工科讀好，將來可以在服務業中以精通技術作為自己的特長。

專欄

A

　　獅子媽媽在教育自己的孩子：「孩子，你必須跑得再快一點，再快一點，你要是跑不過最慢的羚羊，你就會活活地餓死。」

　　在另外一個場地上，羚羊媽媽也在教育自己的孩子：「孩子，你必須跑得再快一點，再快一點，如果你不能比跑得最快的獅子還要快，那你就肯定會被他們吃掉。」

B

一個人在高山之巔的鷹巢裡，抓到了一隻幼鷹，他把幼鷹帶回家，養在雞籠裡。這隻幼鷹和雞一起啄食、嬉鬧和休息。它以為自己是一隻雞。這隻鷹漸漸長大，羽翼豐滿了，主人想把它訓練成獵鷹，可是由於終日和雞混在一起，它已經變得和雞完全一樣，根本沒有飛的願望了。主人試了各種辦法，都毫無效果，最後把它帶到山頂上，一把將它扔了出去。這隻鷹像塊石頭似的，直掉下去，慌亂之中它拚命地撲打翅膀，就這樣，它終於飛了起來！

　　C

　　一個人遇到了難事，便去寺廟裡求觀音。走進廟裡，才發現觀音的像前也有一個人在拜，那個人長得和觀音一模一樣，絲毫不差。

　　這人問：「你是觀音嗎？」

　　那人答道：「我正是觀音。」

　　這人又問：「那你為何還拜自己？」

　　「因為我知道求人不如求自己。」

第二章 適者生存，誰能與環境格格不入

引言

「適者生存」是進化論的精髓所在，適應各種環境、迅速融入新環境是成功者的標誌之一。與環境格格不入者，其生存狀態必然不佳，如果生存都是問題，何以言發展？何以言理想？何以言未來？

環境，其本意是指一系列自然條件與社會條件。對於個體來說，那是不可更改的事實前提。誠然，人類可以改造環境（包括自然環境與社會環境），但那是就整個群體而言，一個個體想要在短時間內改變環境，難於上青天。

這裡面有一系列的問題有待討論：

首先，你欲改造的環境是本身不合理，還是不能滿足你的需要？舉個小小的例子來說吧，誰在街上走路都希望一路綠燈，可偏偏就得遇上紅燈。你覺得這讓你不舒服，要把環境改造到你走到那裡，那裡就是綠燈。這可能嗎？社會與他人能同意嗎？當然不會！因為這環境本身是合理的，而你的需要是不合理的。

其次，環境是不合理的，但現實狀況只能如此。它可能會改變，要改變，但一時不能改變或不能得到根本性的改變。比如說，如今社會上的確存在較大的貧富差距，一些從道理上講應該有的社會保障現在還沒有或雖然有了但不完善，所有這些都是不合理的，管理層不是不想改變，但想一夜之間變改變又不可能。

再次，環境中也存在著一種不合理的，也是可以立即改變的，

但由於種種人為因素就是不能得到改變的情況，就也就是人們常說的一些社會醜惡現象。人們詛咒它，輿論鞭笞它，但它還是不會即刻消失。

最後，環境隨時間、地點、條件不同呈現巨大的差異，由於定勢作用的存在，人們總是傾向於復演自己最熟悉的生活方式，當進入一個新環境後，會有種種不適之感。我們懷念熟悉的舊環境情有可原，但必須面對新環境卻是不爭的事實。

當人們與環境格格不入或有不適之感的時候，會發生三種典型反應。

其一，罵！有那麼一種憤世嫉俗的人，他們整天罵，到處罵，一看到不順眼之處就罵。這也不好，那也不行；張三也對不起他，李四欠他的情；老天也不公，世道更不平，世人名之曰「憤青」。平心而論，他們雖然罵的不是全有道理，也不是全無道理。問題是罵有用嗎？如果有用，我們就去罵，因為罵人這事不難也不費力。但通常的情況是，罵完以後，該面對什麼的，還得面對什麼，一切都不會因為你的罵而有所改變。

其二，不罵別人，但跟自己過不去。無力與環境抗爭，又沒法去適應環境，於是自己生悶氣，久而久之，鬱結在心底的心理能量就會演化為形形色色的心理疾病。可以這麼說，大部分心理問題都與環境適應不良有關。

其三，適應環境。不論環境是合理的，還是不完全合理的，習慣的還是不習慣的，只要是必須承受的，就去努力適應它。人們所說的「既來之，則安之」，就是這個道理。譬如，一位日本籍的學生來到台灣，夏季酷熱難當。你能叫天氣不熱嗎？你能因天氣熱而提前放自己的暑假嗎？都不可能。理智的選擇只有去適應它，最好是樂在其中——哇，免費桑拿，在家可沒這待遇！這不是阿Q精神，雖然是無奈的選擇，但卻是唯一可行的選擇。

其四，改變環境。這雖然是最理想的一種狀態，不過，說句掃興的話，個人改變環境，不是說完全沒可能，但難度實在是太大了。況且，你所認為的最合理的環境不一定是別人認為的最合理的環境，也不一定是社會認為的最合理的環境，你想改變，別人不同意。再則，即使大家都同意，社會也同意，改變仍需假以時日。如果你認為你們學校的宿舍條件太差，同學也這麼認為，校方也這麼認為。但宿舍從規劃到立項，再到建設、投入使用，估計離你畢業也不遠了。所以，就目前而言，你還需以適應環境為第一要義。

下面，我們想談談大學生，尤其是新生的環境適應問題。

初來乍到的忐忑

當你走進夢寐以求的大學校園的一瞬間，興奮之餘便會有一絲忐忑，甚至是恐慌。看到陪同你一起過來的父母或親戚踏上歸去的汽車，可能會流下傷心的淚水。不要不好意思，這種無助心理是正常反應。每個人剛剛進入全新的環境，都會有這樣的感受，只是程度不同而已，說沒有的是騙人的。可能有人表現得外顯一些，有人表現得內斂一些。千萬不要因此而懷疑自己的環境適應能力。

從心理學的角度看，忐忑不安實質上是一種焦慮反應。焦慮是對前景不確定性的擔擾。剛進大學之門，一切都是那麼新鮮，這讓我們興奮；但新鮮與不確定性又有著必然的邏輯聯繫，有點忐忑不安，自在情理之中，不必多慮。

看看在一邊熱情接待你的學長們，他們是多麼的自信！多麼的陽光！他們的精神面貌、他們的言談舉止、他們的熱情服務都令我們佩服。可是，你知道嗎？他們剛進校的時候也和你一樣的無助，一樣的忐忑。看看他們的回憶錄就知道了：

一位大三的學長在回憶當時的情景說：

「傍晚時分，父母回去了，在舉目皆是陌生人的操場上，重重的茫然將我包圍，望著汽車載父母而去，我低頭黯然地往回走，沒有人知道這接下來的四年會發生什麼？沒有人清楚接下來的四年我會怎麼樣走過？沒有人能告訴我該怎麼樣安排自己的一切？」

某院學生會主席回憶大一開學的日子時說：

「記得剛剛跨進大學門檻的我，猶如劉姥姥進大觀園一樣的新奇而忐忑不安。所有的一切都是那麼的新鮮、陌生，這些都讓我歡喜讓我憂。面臨著一系列的新刺激，我擔心自己能否適應？能否站穩腳跟發展自己？此時對於未來，我不知所措，心理充滿了困惑和不安。主要表現在做事沒有計劃，整天要麼無所事事，要麼瞎忙，沒有一點規律。」

哈哈！原來她們也曾經困惑過，不也是一步步地走過來了嗎？進入大學就是要不斷的發展自己，完善自己的，他們能做到的，你自然也能做到，「彼能能，吾何不能？」一年後的自己也會成為他們的樣子甚至比他們更好。

這樣安慰自己，鼓勵自己，會讓你輕鬆很多，會讓你增添不少信心，你的不安，你的恐慌就會減弱很多。當然了，你要成為他們的樣子還有付出很多的努力，也需要一定的時間。作為剛剛入校的新生，第一步要做的就是儘快地熟悉環境，儘快地融入到集體中去。一旦熟悉了環境，融入了集體，心理上就有了安全感，忐忑之情就會隨風而散，你就可以如魚得水般地開始你充實的大學規劃。

想家的情結

大多數新生，都是在離家很遠的城市開始大學生活之旅，開始

第一次長時間獨立地面對自己的生活起居、學習。所有這些全新的開始，使得每一位大學新生都會或多或少的有一種「想家」情結，只不過有些人強烈一些，有些人淡薄一些；有些人表露在外，有些人深藏心底。想家情結嚴重的還會影響到正常的生活和學習，不少新生因為被想家的情緒所左右而感到苦悶不堪。

台大一位剛入校的新生退學離校回家了。退學的理由很簡單：非常想家。心急如焚的家長趕到學校，發現學校從硬體到軟體都無可挑剔，且女兒和同學、老師相處也很好，於是他們試圖說服女兒繼續求學。但女兒以「不讓退學如果發生意外情況別後悔」向父母攤牌。

開學已經一個多月了，我還是非常非常想家，早上醒來一睜眼就想到不是在家裡，真不想起床，不想吃飯。但又怕身體垮了父母著急，便強迫自己起床鍛鍊、吃飯。在操場上跑步，聽見廣播裡放的音樂有「媽媽」之類的歌詞就要哭，一邊跑一邊哭。課間休息和課餘在宿舍，到處都聽見本地人的口音，總覺得是被拋棄到異地來的外鄉人，總感到是在別人的地方，好不自在，孤獨極了。班上相約出去玩，無論怎麼也高興不起來，反而愈玩愈傷心，覺得到處都不如家鄉。而且，看見落葉想到歸根，想到歸根又想到家。每天晚上熄燈後都在被窩裡哭，也不知到什麼時候才入睡。週末，看見寢室裡的在地同學回家了，更傷心，更難受。

在心理學家看來，人的一生需要經歷兩次斷乳。一次是生理上的斷乳，大約在一歲左右；一次是心理上的斷乳，那是在青春期。上大學，可以說是為心理上的斷乳提供了最好的契機。想家，從表象上看，是想念父母，懷念熟悉的環境，從本質上說，是心理斷乳期的綜合症。其深層根源，有以下幾條：

第一，長時期對父母的依戀，一時難以解脫。

我們習慣了在父母面前的毫無遮掩，習慣了把所有的不順向父

母傾訴，習慣了疲憊的時候向父母撒嬌，總之，我們習慣了對父母的依戀。進入大學之後，必須獨立地面對自己的心靈感受，再也沒有人能夠像父母一樣的包容我們，這時我們會很想家。

第二，要我們解決的問題太多。

上高中時，老師和父母都對我們說，只要考上大學，一切都萬事大吉了。進了大學後，我們才知道是上當受騙了。不是萬事大吉，而是要我們自己解決的問題太多、也太雜。

高雄某大學一年級新生崔某，原來是生活在北部城市，家中兄妹四人她最小，父母均為工人。家庭生活溫馨，因為她最小，因而倍受父母寵愛，家中生活事宜均由父母料理。父母只要求她努力學習，不需承擔任何家務勞動，甚至連衣服鞋襪也不用自己洗。入學之後非常想家，在適應大學生活過程中，產生了許多心理上的矛盾與困惑。

從小到大，我們習慣了父母對我們的照顧，父母為我們包辦了除學習之外的所有問題，每天為我們搭配好營養飲食，每天為我們準備好要穿的衣服，每天為我們安排好作息時間，及時地為我們購買生活的必需品......當我們到了大學，所有的一切都由我們自己去做、去面對。如此之多的問題常令我們束手無策，這時我們會很想家。

第三，同學之間不熟悉。

面對陌生的同學，無法真實地表現自己。由於害怕自己被孤立，不情願做的事情，也要勉強去做。特別在意同學的看法，感覺生活的很累。不知道自己能不能找到知心朋友。常有孤立無助的感覺，這時我們會很想家。

第四，對老師有一種恐懼。

大學老師似乎沒有中學老師那麼的關心自己的成長，他們德高

望重，但是上完課就走人，不可接近，很少有人會過問你究竟該看的書有沒有看。有沒有聽懂，學習方面有什麼困難，有什麼要求，很多的同學會感到不適應，會產生一種懷舊的心理，這時我們會很想家。

想家、思鄉、戀舊，純屬人之常情，完全可以理解。大詩人杜甫就有詩云「烽火連三月，家書抵萬金」。但如果想家的情緒左右了自己的生活，無法正常地生活、學習，那顯然不可取。進入大學，我們要做到割斷臍帶做大人。學會獨立的面對自己的遇到的問題，可以想父母，可以想家鄉，但不應該成為影響正常生活、正常學習的絆腳石。

下面試從技術角度提出一些建議，或許對過度想家的同學有所助益。

第一，要儘量多的參加集體活動，減少一個人獨自「傷感」的時間，盡情的感受來自新集體的關懷的溫暖，讓歡笑填滿自己孤獨的時間。

第二，與同宿舍的同學相處好，讓宿舍有一種家的感覺。在教室不穩定，上課地點不固定的大學校園裡，宿舍是一個可以給我們心理安慰的特殊場所。要處理好同宿舍兄弟或姐妹之間的關係，及時地化解矛盾，讓宿舍充滿家的溫暖。

第三，把一些容易引起懷舊情緒的物品放到自己的視線之外，以避免「睹物思人」，「睹物思鄉」。

第四，讓父母隔一段時間打一通電話，免得自己更想家。有些家長為了不讓自己的兒女經受想家的煎熬，每天都會打電話過來，這種過於頻繁的電話，反而會使自己產生對電話的依賴，更加勾起思鄉情結。最好的辦法是隔一段時間（如：一週）打一次電話。

第五，如果自己做了種種努力還是無法擺脫想家的煎熬，可以

請學校心理諮詢室的老師做心理輔導，淡化思鄉的情結。

第六，轉移自己的關注點，把心思放到其它的地方，不必太在意自己的想家情結，隨著時間的推移，會漸漸地適應，慢慢地調整過來的。

熟悉環境

來到這個陌生的城市，來到這個陌生的校園。下車伊始，第一項任務就是要熟悉環境，這是適應環境的前提。

所需熟悉的環境分為兩大板塊：校園、城市。

面對如此之大又如此陌生的校園環境，你是不是有一種丈二和尚摸不著頭腦的感覺？如果說第一次離家遠行的入學旅程，是大學生獨立處理事情的開始；那麼入校後能否迅速地瞭解和熟悉周圍的環境，將決定大學新生能否在這個環境中自如地生活、學習。

我們要儘快地熟悉校園的物理環境，要熟悉的項目包括：

餐廳、教室、宿舍、圖書館、茶水間、浴室、洗衣房等等，這些對你的日常生活很重要；學校行政大樓、各個職能部門在哪個樓裡？各個職能部門都負責什麼工作？院系辦公室在哪裡？自己導師的辦公室在哪裡？瞭解這些對於你解決問題非常有幫助。另外大學生活動中心在哪裡？學生會都有些什麼樣的部門？各個部門的職能是什麼？都要搞清楚。這有利於你今後在做學生幹部時能夠得心應手……

大學所在的城市，後來我們會把它稱之為第二故鄉。我們至少要在這座城市生活四年。青春期中含金量最高的時光將揮灑在這座城市，從某種意義上講，我們也就是「半個」此城市人了。因此，應該儘快適應這個城市的生活環境。離開家鄉到異地求學就意味著

踏入一個不同的社會環境，我們既然接受了這所大學，也就要接受這個城市。對這個新的社會環境從心理上要產生認同感。

有些大一新生，特別是本來生活在大城市的一些新生，對自己現在所生活的城市到處發牢騷。似乎這所城市虧待了自己什麼似的。抱著這種心態開始自己的大學生活無疑會帶來很多的負面影響。無論你是否認可它，你都將要和它共處四年的青春時光，與其抱怨，還不如去接受他，發現他的美。

同時，我們要學會適應這個城市的生活模式，生活節奏。具體到一些生活的小事上都要與這個城市的生活合拍，例如：怎樣搭乘公共汽車？怎樣向別人問路？怎樣上商店買東西？怎樣和攤販討價還價等等。不要總是以一個異鄉人的角色和身分去看待這個城市，這樣不利於你對新環境的適應。

其實，進入大學，學會適應社會環境也是我們的一堂必修課，我們中的一部分人畢業後並不一定就到自己原來的城市生活。我們要學會用一種開放的心態去接受新事物，新環境。

熟悉環境的方法包括：

第一，多問。不要懼怕開口，不要因為礙於面子而保持沉默，並且還自我解嘲的認為以後會慢慢瞭解的。如果你在陌生的環境中顯得非常拘謹，生怕走遠一點兒就會迷路，又不好意思開口向別人尋求幫助，最後不得不儘量少走動、少說話，實在迫不得已就只能跟在別人的後面。這樣不利於你儘快地適應大學生活。

第二，在班級中擔任一定的工作。對環境適應快的大學新生，很快就能成為班級中的核心人物，並擔任一定的班級工作。這樣與老師、同學接觸得越多，掌握的資訊就越多，鍛鍊的機會也越多，能力提高很快，自信心也就逐漸建立起來了。

第三，約幾個同學逛逛街也是很有必要的。還可以與當地的同

學多聊聊此地的風土人情。

還有一點也想在這裡說一說。

在熟悉了環境之後，不少人對大學生活有「幻滅」之感，因為在入學之前在心中將大學過於美化。進校後發現大學並不如想像的那麼美好。於是，抱怨學校教學裝置陳舊，圖書資料貧乏，生活設施還不如在中學的時候，開始懷疑自己當初拚搏是否值得？有些同學甚至有回家的衝動。其實，外在的環境對於大學生的成長的確有一定的影響，但大學內在的文化環境才是最為珍貴的。面對不盡如人意的現實，更需要新生放棄不切實際的期待，發揮自己的主觀能動性，相信環境並不能決定一切，在同樣的環境下，人也可以達到不同的發展水平。人才是最美麗的風景，校園的樓再高，寢室再豪華，風景再秀麗，也不如大學裡積澱的文化有魅力。

適應「新家庭」的生活

這裡所說的「新家庭」是指你的宿舍。

在中學的時候，大部分同學是住在家裡，也有一些同學是寄宿生。不過，大學裡的住宿和高中的住宿有很大的區別。所以，不管你在高中時是否住校，適應「新家庭」的生活都是一個課題。

調查表明：大一新生無法適應大學生活重要的原因之一就是與「新家庭」的不協調。舊生中那些頹廢、荒唐、甚至輕生的現象，也與宿舍的生活適應不良有關。

這裡用「家庭」來代替「宿舍」絕無誇張之意。畢業時分你會驚奇的發現，經過四年的磨合，每一個宿舍都有其自己的風格，每一個宿舍的成員在生活觀念上非常的近似。雖然曾經埋怨過、爭吵過、憤怒過、冷戰過，但是最終還是一起成長起來了，回想起來，

那確實是大學生活的一筆鉅額財富。宿舍生活是大學生活中最值得回憶的一部分。十年、二十年後同學聚會，在一起聊得最多的，還是同宿舍的人。

為什麼「新家庭」如此的重要呢？

大學生活中的「宿舍生活」，有一種特別的意義，不僅僅意味著是離開了父母自己照顧自己，提高自理能力。從心理學的角度來講，更是一種歸屬感的轉移和心理上的真正獨立。大學生的宿舍生活，不僅僅能夠提高他們生活操作層面的獨立，例如，自己洗衣服，收拾床鋪，買東西等等。而且，還會觸及到一些深層次的也最容易被忽略的心理上的「自理」。

根據人本主義心理學家馬斯洛的需要理論，我們每一個人都有一種歸屬的需要和交往的需要。中學階段的住校，宿舍僅僅是一個休息場所，我們很多的時間是在教室裡度過的。中學裡都是在固定教室上課，交往需要可以在班級裡得到滿足。宿舍的氛圍，宿舍成員之間的關係對個人的影響不是很大。進入大學之後，情況就大不一樣了。宿舍不僅是我們軀體的棲息地，更是最重要的可以歇息心靈的場所。

首先，大學裡班級的概念開始淡薄。

有的學院（或系）是一百多人組成一個班級，一個學期下來可能你並不能把全班同學的名字叫出來。大學上課沒有固定的教室，更沒有固定的座位，每一個人上完課之後都各自散開，剩餘的時間都是自己的了，那個時候你會感覺特別的孤獨。甚至有些大學生誇張地說道：「也許我從這個校園裡消失了幾天都不會有人知道。」其實，會有人知道的，誰呢？就是我們的室友。宿舍是唯一的令我們有歸屬感的地方。孤獨的時候，也許你可以選擇和遠方的父母打電話或者上網跟高中的同學聊聊天，但是畢竟「遠水解不了近渴」。面對現實，儘快地融入集體才是最明智的選擇。班集體的概

念已經開始淡化了，宿舍這個小集體也就顯得尤為重要了。

其次，我們大學生活的很大一部分時間是在宿舍度過的。

無論你是一個特別愛學習的人，還是特別貪玩的人，都必須承認，很大一部分時間實際上是在宿舍度過的。你要像對待家人那樣對待你的室友，這是你有一個愉快的大學生活的基礎。有的大學生將離開宿舍出去看書稱之為「出去打獵」。即使在外面打獵的時間再長，也許會長達十幾個小時，畢竟是在外面，往往是一個人的奮戰，那裡不是我們的歸屬，再晚，也要回到我們的小巢裡。

有的學生宿舍關係處理不好，以一種逃避的心態每天一大早就離開宿舍，到晚上才回來，認為這樣就能夠解決問題。誰知道，隨著時間的推移，他越來越感到焦慮不安。圖書館裡、自習教室裡，全是陌生的面孔，即使能找到什麼同班不同宿舍的能談得來的同學，但是到了晚上，看著同學很開心的回宿舍，自己就感覺很孤單，幻想著如果有一天自己也能有一個宿舍關係就好了。那種心情跟無家可歸的孩子心情是一樣的。

再次，如果宿舍關係不好會嚴重的影響自己的心理健康。

父母離異或者關係不好的家庭，小孩子學壞，甚至犯罪的機率很高。同樣的道理，如果一個大學生的宿舍關係不好，會讓人感到消沉不安，內心煩躁，學習效率下降，進而衍生這樣那樣的心理問題。

有一位大一的新生，平時沒有住過校，因為看不慣室友的生活習慣而發生爭執，然後兩個人就開始不說話了。但是同一個宿舍，兩個人抬頭不見低頭見的，非常尷尬，這種日子讓這位沒有住過校的新生受夠了折磨。他向爸爸媽媽訴苦過，跟以前的同學也聊過，好像都沒有給他的生活帶來一點改觀，看來唯一能做的就是主動跟對方道歉了。待兩個人的關係緩和之後，忽然感覺好輕鬆啊，宿舍

原來如此的溫馨！他在心裡暗暗發誓：以後再也不和任何人鬧僵了，太折騰人了。就這樣，他慢慢地成長起來了。回想那一段心路歷程，確實給他的心靈成熟起到了很好的助推作用。

大學宿舍裡最基本的法則是什麼呢？遵守公共條例；尊重別人的生活習慣。第一條不必多說了，這裡主要談談如何對待生活習慣差異的問題。

我們都來自五湖四海，每一個人的生活習慣都是過去十幾年所累積下來的，尊重別人的生活習慣是擁有和諧宿舍氛圍的基本前提，也只有這樣，才能夠贏得別人對我們的尊重，究竟如何尊重別人的生活習慣呢，面對不同的生活習慣，我們應該如何做呢？

我們先來看看一位大二的男生對他的宿舍生活的描述：

剛剛進入大學，大家都希望自己能夠有一個良好的人際關係，希望自己是一個受歡迎的人，都彬彬有禮，行動整齊劃一，有一個同學遇到一點小事，我們都全部像商討國家大事一樣圍在一起給他出主意。這樣堅持了三個月之後，大家的原形開始露出來了。先是老大，在一個冬日的早晨，任我們噓寒問暖，好言相勸，他就是被瞌睡蟲絆住了腳，最好索性一蒙被子說：「這節課我不上了！」有了這第一次的經驗，井井有序的生活秩序被打亂了。老二從牆上摘下了吉他「嚕嚕」的彈奏噪音；老三興致勃勃抨擊某事，口無遮攔；老四的秉燭夜讀小說與老五的早起晨讀英語同樣擾人睡眠；老六將宿舍的電話變成了愛情專線；老七髒衣服堆積如山……

幾個熱血青年同住一室，磕磕碰碰的總是難免，一切不比以前在家，別人的習慣你干涉不了，自己的不滿也不好逢人就說。每天的生活在六七種聲音，十幾隻眼睛中，一時間會想，這日子過得也真麻煩！

其實，不要說是來自五湖四海的同學，就是自家兄弟姐妹，生

活習慣也不會完全一樣。這是個基本事實，不會改變。面對這樣一個客觀事實，我們究竟應該怎樣做呢？

首先，不要以為自己的生活習慣就是最合理的，不能以自己的生活習慣為基準，要求別人都來適應自己，適應應該是相互的，而不是「單方面的最惠國待遇」。否則，只會把自己孤立起來。

讓我們來看一個女生宿生活的片段：

「睡覺了，關燈了！」

「哎，我還沒睡呢，等一下......」

話還沒有完，寢室已經一片漆黑，小李啪地將燈關了：「開自己的檯燈吧！」

第二天，小李一大早就起來了，拿東西也不輕點，盆，杯子撞得可熱鬧了，還把房間的燈都開了，可憐有人凌晨三點的時候才睡覺。

大家都不喜歡小李早晨的「叮叮噹噹」，於是商量好晚上由寢室室長跟小李說說。

「小李啊，你以後起床的時候能不能先不開燈啊？你把檯燈開啟，走廊也有燈的，這樣差不多也能看見了吧？」室長小心翼翼。

「那怎麼行啊，檯燈在上面，我下來哪能看得見啊，你總不能叫我摸黑吧！」

「可是你一開燈我們都醒了，睡不了了！」

「那是你們的習慣問題，那個時候本來該起床了，誰讓你們這麼懶！」

「但是，你晚上要睡覺關燈我們都沒有意見的啊，那個時候我們還沒有睡呢，相互體諒一下吧？」室長一直盡力保持柔和的語

氣。

「那可不管我的事，再說了，那麼晚了，該睡覺了，誰讓你們不睡的啊！」

早睡早起確實是一個好習慣，你可以堅持這個好習慣，但是卻不能要求別人都跟你一樣的早睡早起，每一個人都有自己的生活習慣，不尊重別人的生活習慣自然把自己孤立起來。

其次，適應別人也要把握住「度」。不能要求自己一味的去迎合別人，而喪失了自己的個性與空間，而是在不影響大局的前提下，少數服從多數，讓自己適應集體的生活，這樣集體的生活才能適應自己。

宿舍六個女孩最後一次聚餐的時間，大二學生小劉已經記不清了，雖然偶爾的會懷念昔日宿舍的和諧，但是小劉已經習慣了每天的早出晚歸，泡在圖書館和自習室，連週末也不例外。宿舍裡只有小劉來自鄉下，與個性張揚的城市孩子不同，他很注意自己的言行，儘量的不與室友發生衝突，甚至在觀點爭論時不發表任何的意見。在別人的眼裡，她就是一個很溫順的小綿羊。當宿舍裡遇到了別人都不願意去做的事情時，大家才想到他，不會有人徵求她的意見，而是直接命令她去做。雖然心理有一百個不願，可每次還是去做了。

日子久了，小劉的心理漸漸的發生了變化，變得很敏感，很在乎別人的評價，平時哪怕一句無心得玩笑也讓自己半天想不開。一次，有室友評價一個人穿者品位「很土，像個鄉下妹子」，小劉忽然發火：「我就是鄉下人，你什麼意思？」

意外的衝突讓室友很悶，儘管沒有再發生爭吵，但是大家再也不願意理他，隨著和室友間的矛盾的越積越深，小劉選擇了逃避。

小劉走到這一步，表面上看，讓人感到她受盡了委屈，總是被

別人指使，但是，小劉自己也有過錯，她沒有及時的把自己的感受傳達給對方，室友認為所有的事情都是她情願去做的，她想儘量的不與室友發生衝突，於是毫無原則的委屈自己，終於這種委屈由一個小小的導火線而引發，造成了尷尬的局面。

再次，出現衝突的時候要「換位思考」，不要老是「以自我為中心」，要多站在別人的位置來考慮問題。

幾個人共用一個寢室，就必須接受別人的生活方式，包容別人的生活方式，如果別人的生活方式有礙於你的生活，要委婉的提出意見，並適當的進行自我調整。不要總是盯著別人的缺點不放，耿耿於懷，把別人對你的冒犯銘刻在心，你這樣無形中就冒犯了別人。遇到了矛盾，要主動求和，這不會讓你丟面子，反倒會讓別人更加親近你。

最後，我們還想對新生提一點快速融入宿舍集體的方法，可能這是他們迫切需要的。

快速增進融合的關鍵就是要多提「一起」，有什麼事情如果可以，就大家一起行動。剛開學的時候，學業不是很忙，挑選一些大眾項目增進感情，比如：提議大家一起逛逛街，一起到外面吃火鍋，一起看一場電影等。

平時的生活，如到餐廳吃飯，去上課，儘量一起去。

要注意個人的愛好，尋找共同點，相近點，以共同的愛好為基礎，開展活動。

也許一時的融合度不夠理想，不要著急，相信慢慢地會自然融合的。

每一個從大學裡走出來的人都會明白：宿舍裡良好的人際關係對一個人的發展是非常重要的。至少我們四年要在這裡休息，如果我們關係不是很融洽，四年的休息質量就不是很高，發展也就無從

談起。很多生活的難題，生活的挫折，都是在宿舍同學的幫助下解決的，我們每時每刻都受到同宿舍同學的思維方式的影響，到了畢業的時候，你會發現，經過四年的磨合，每一個宿舍都有自己獨特的宿舍文化，宿舍氣氛，同宿舍的人都有很多相同的地方。所以，面對不同的生活習慣，善良一些，尊重別人；大度一些，體諒別人；開朗一些，感染別人；這會讓你的大學更加的色彩斑斕。

讓資訊通道更順暢

語言是交流的工具，如何能夠準確地把自己的意思表達給對方，並且讓對方準確地接受你的資訊，這需要一定的技能。其中最基本的一點就是要使用雙方都能聽得懂的語言。老鄉在一起時這不是問題，與不同地方的人進行交流的時候這就是個問題。可以這麼說，語言適應是環境適應的基礎。

我們來看看兩位新生對待語言適應的不同心態。

A來自偏遠的農村，未考上大學之前從來就沒有走出過，當然也並不知道他的普通話很不標準。來到大城市之後，他才慢慢地瞭解到，一直以來，他們都是把「程」說成「陳」，把「是」說成「四」，把「船」說成「床」，其他的字也發音不準，同學們經常聽不懂或聽錯。A感到很尷尬，後來乾脆就儘量不說話了。在高中的時候，他是一個非常外向的人，有很多的朋友，但是現在進入大學半個學期了，卻沒有什麼朋友，大家都認為他是一個非常內向的人，不願意與人交往。

B也是從一個小村落第一次來到大都市，在進入大學校門之後，與負責接待學姐交流的過程中，他敏銳地覺察到了自己的語言問題是他進入大學第一個要攻克的難關。

第一次當眾做自我介紹的時候，由於太緊張，舌頭有點僵硬。事先反覆練習的普通話到了臺上，變成了和方言的「雜交」話，於是急忙改正，但卻越改越亂，最後伴著同學們的鬨笑聲，捂著快紅到耳根的臉，尷尬地跑下了講臺。此後的一個月內，B都很小心地和別人講話，每次想和別人說話，都會事先把自己蹩腳的普通話練習好幾遍才去和別人講。經過一個學期的努力，B同學終於克服了語言關。

其實，如何克服語言關，主要的還是你的心態問題。

也許你的方言與標準普通話的差距很大，進入大學之後，給你的語言矯正提供了一個良好的契機。你應該好好的利用這個機會，而不是躲避自己的缺陷。如果你採用躲避的態度，除非你永遠呆在你的小縣城裡，否則永遠都無法與外界進行很好的交流。如果你在校期間不僅學到了專業的技能，而且還學會了標準的普通話，你讀了這個大學是不是比別人更「賺」了。

擺正了心態，你會發現適應語言並不是非常困難的事情。

平時多向字典學習，向普通話好的同學學習，儘量掌握標準的發音。

此外，在發音準確的基礎上，還要進行不懈地練習，發現錯誤及時糾正。

除此之外，掌握一些必要的地方方言也有助於適應環境。比如出門辦事或上街買東西都可能與講方言的當地人打交道，如果會說當地的方言，交流起來更方便，也能避免可能會發生的「欺生」現象。

總之，大學新生儘快適應語言環境，使自己消除地方語言的陌生感，有利於自身角色的轉變。

目標的迷茫

目標在一個人的生活中佔有重要的位置。它是你奮鬥的燈塔。沒有目標，也許你付出了再多也得不到任何的回報。甚至可以說，真正的人生之旅從設定目標開始，沒有目標的日子只不過是在那裡繞圈子而已。

有篇短文很值得一讀。

比賽爾是西撒哈拉沙漠中的一顆明珠，每一年有數萬名的遊客到這裡來。可是，在肯萊文未發現它之前，這裡還是一個封閉的地方。這兒的人們沒有一個人走出過大漠。據說不是他們不願意離開這裡，而是嘗試了很多次都沒有走出去。

為什麼走不出去呢？肯萊文非常納悶，最後他只得僱一個比賽爾人，讓他帶路，看看到底是為什麼？他們帶了半個月的水，牽了雙峰駱駝，肯萊文收起了指南針等現代的裝置，只拄了一根枴杖跟在後面。

十多天過去了，他們走了大約八百多里路，第十一天的早晨，他們果然又回到了比賽爾。這一次肯萊文明白了，比賽爾人之所以走不出大漠，是因為他們根本不認識北極星。

在一望無際的沙漠裡，一個人如果憑著感覺走，他會走出大小不一的圓圈。比賽爾方圓上千里沒有任何的參照物，若不認識北極星有沒有指南針，想走出沙漠，確實是不可能的。

肯萊文在離開比賽爾之前，帶了上次和他合作的青年，他告訴這位漢子，只要你白天休息，夜晚朝著那顆星的方向走，就能走出沙漠。那位青年照著去做，三天之後，果然來到了沙漠的邊緣。這位青年成為了沙漠的開拓者，他的銅像被樹立在小城的中央。銅像的底座上刻著一行字：新生活是從選定方向開始的。

設定目標是新生活的起點，每一個有抱負的人都不希望在自我的「沙漠」裡兜圈子。都希望有自己的目標，然而目標的設定也不是那麼容易的事情，當環境發生了變化，當以往的燈塔無法給我們指明前面的道路，要求重新確立生活目標時，常常會感到很迷茫，剛剛由中學的教育體系進入大學教育體系的新生就很容易產生這種目標的迷茫。

　　在中學的時候，生活目標非常明確：就是為了考大學，考一個好一點的大學。學習的目標和範圍也非常清晰，並且還有家長和老師的督導。周圍的環境提供了各種各樣的「優惠政策」，生活中的瑣事由別人去包辦，我們真正做到了「兩耳不聞窗外事，一心只讀聖賢書」。就這樣，不分早晚地埋頭苦讀，終於實現了自己的目標，走進了夢寐以求的大學。

　　上大學的目標實現了，下一個目標是什麼呢？很多新生會忽然感到很迷茫。覺得人生的意義變得虛無起來，似乎失去了奮進的動力。

　　某重點大學的大一新生小蘇，進入大學後，感覺生活越來越沒有勁。晚上他打怪打到凌晨四點，直到中午十二點才起床。他也想過拚搏，可是一到了具體的操作層面，例如，上課，作業，考試，厭煩情緒便將他的願望沖得一乾二淨。於是，他喪失在「成才」和「安逸」的矛盾中掙扎，開始為自己尋找迴避競爭的理由。他在日記中寫道：「為了爭一個第一名，為了將來考上博士，要付出的代價可能是眼睛近視500度，體重減輕幾十斤⋯⋯這麼高的代價換得那麼一點點的榮譽，不合算。縱然獲得了諾貝爾獎又如何呢？像愛因斯坦那樣為後人所敬仰，懷念的人，一旦死了，也什麼都沒有了。」於是，小蘇每天活得死氣沉沉，幹什麼都提不起精神。

　　這樣的精神狀態，是由於失卻了生活目標所致。進入大學以後，學習內容與學習方式發生了很大的變化，目標也不是那麼的明

確，大學的學習有一種科學研究的色彩，它是一個沒有起點也沒有終點的過程。不知道學到什麼程度才算好，學習的終極目標不是非常明確，學習的方式也發生了巨大的變化，在這樣的環境下，如沒有具體明確的目標的指引，很容易讓人產生迷茫。

人的一生中最浪費不起的就是大好青春，正所謂「白了少年頭，空悲切」。應該怎麼做，才能讓自己有一個明確的目標進而有一個充實的大學生活呢？我們給出以下的建議：

首先，規劃自己的大學生活，要按照優先的順序，列出多個目標，並把自己目標分成「一定要完成」，「盡力要完成的」，「可能要完成的」三個方面。「一定要完成的目標」，那是一種硬性的規定，無論生活發生多大的變化都要為之讓路的，這樣的目標設定要具體，如：這個學期要通過多益500分等。「盡力要完成的目標」，就要靠自己的毅力，儘量去完成，這樣不但能充實大學生活，而且完成了目標也能給自己帶來很大的信心和愉悅感。「可能要完成的目標」，給自己一個緩衝的時間，如果生活發生了一點變化可以考慮把目標往後拖一拖。

其次，分階段的設計大學四年的總體目標，例如：大一要側重於積極地參加社團活動，培養自己的各方面的能力，使自己迅速的進入大學生的角色，多與人交流，特別是自己的同專業的學長，為自己制訂大二大三的目標做鋪墊。大二、大三要側重自己的學業，將專業知識學紮實了，找到自己的興趣點，自己將來的生活方向，為大四的就業或考研究所究所作鋪墊；大四要準備考研究所究所，或積極參加實習準備找工作。

再次，分階段的設計大學四年的學習目標，例如：大一的時候學好基礎課，素質拓展課，廣泛的涉獵與專業相關的書籍。大三的時候透過英語六級，以及計算機的相關等級考試，鑽研專業內的某一個領域的書籍，作考研究所的準備；大四的時候衝刺考研究所或

為將來的工作做準備。

新環境：滋生畏懼心理

人類有時就是個矛盾體，一方面厭倦平淡，渴求新的刺激；另一方面又對新事物、新情境有一種本能的畏懼心理。所謂「葉公好龍」可不是個別現象啦！

上大學是每一個人的夢想，每一個人都希望自己在大學裡能夠充分施展自己的才華。但當真正走進大學校門時，又有幾人不感到畏懼？面對陌生的同學，陌生的環境，在這個陌生的集體裡，不知道能不能找一席屬於自己的位置？

看到周圍一個個同學似乎都是那麼的優秀，越發感覺自己的渺小，自己的平凡，但是內心裡又不甘落後，這種矛盾的心理掙扎是很折磨人的。

讓我們來看看一位過來人的心路歷程：

帶著家人的期望，我走進了大學的校門，面對一個全新的世界，我感到一陣陣的恐慌。陌生的寢室，歡快活潑的室友讓我感到害怕和厭惡。我選擇了逃避，逃避一切可以逃避的人，我成了裝在套子裡的人。上課不多說一句話，班級，餐廳，自習室，我飄忽不定，依然我行我素，獨來獨往。對周圍的人和事充滿了戒備與猜疑。

我就這樣過了很久後漸漸發現，班上很多的同學都找到了施展自己的機會與位置，大家也有了自己固定的交往圈，三三兩兩說說笑笑的，只有我一個人似乎是局外人一樣，依然在飄忽，在彷徨，沒有自己的方向。內心仍保留一絲不甘落後的我，決定讓自己尋找一條自己的大學之路。

於是，我試著讓自己快活起來，積極起來：勉強笑，裝和藹，擺成熟，對周圍的一切多關心，不讓自己成為局外人。起初，效果不大，我感覺很累，想放棄，但是已經是大學生身分的我，一直告訴自己，不能這樣放棄自己，能改變自己行為的人，是最不簡單的人，我要作一個不簡單的人。

於是，我又開始積極起來，不再偽裝和勉強，我是帶著一顆積極與熱情的心與人們交流的，抓住一切的機會鍛鍊自己。最終，我成功了，我欣慰著自己經過努力而帶來的改變：有了自己的知心朋友，樂觀，隨和，成績也穩步上升，學會了在活動中施展自己，當然了，這些成績花去了我近一年的時間。

從上面這個例子，我們大體可以看出要克服畏懼心理，必須依靠自己內心的力量、自己的努力。具體做法方面，以下建議似有參考價值。

其一，坦然接受自己的畏懼心理。我們每一個人都是靠很多的支點才得以快樂地生活。這些支點包括，父母的關心和鼓勵，朋友的幫助，學習或工作帶來的成就感等等。當我們進入到一個新的環境，原來的支點到了後臺，在新的支點建立起來之前，自然會產生不同程度的畏懼心理。我們是說每一個人都會有畏懼心理，並不是只是你獨有。同時，畏懼心理可以讓我們提高環境的適應能力，讓我們對環境有更積極靈敏的反應。所以，面對畏懼心理，要坦然面對、坦然接受。

其二，嘗試溝通。面對一個陌生的環境，我們要嘗試溝通，隨著時間的流逝，隨著與學長交往的加深，你就不再迷惘，不再畏懼，就會漸漸融入大學生活，開始真正屬於自己的大學生涯。每個人都是這麼過來的，在與別人的溝通中我們才漸漸地學著開拓自己。

特別是進入大學這個全新的、令人神往的、群英雲集的地方，

我們要學著去溝通，我不懂，就要向懂的人請教，把自己心裡的想法說出來，不管對與否，或者僅僅只是情感的一種宣洩，你也會覺得心裡舒暢，眼前的道路寬闊了許多。

其三，形成揚長避短的思維方式。「揚長避短」是一種順應自然的思維方式。某些生物僅依靠某一種「長處」能在億萬年的自然殘酷競爭中得以生存，就在於它不斷進化和完善自己的「長處」。比如蚯蚓割斷身體、海參拋棄內臟，都能夠再生，這就是它們賴以生存的「長處」，如果它們在進化中不充分利用自己的「長處」，自然的力量早就將它們淘汰了。

面對新環境的畏懼，我們要看到自己的長處，並最大限度的發揮自己的長處，這樣會給自己很大的信心，也會使我們在新的集體中找到自己的位置，我們每一個人的精力都是有限的，當我們把關注點放到了自己的優點上，就不再對自己的缺點耿耿於懷了，這對克服畏懼心理也有幫助。

其四，學會利用積極的心理暗示。當自己感到畏懼的時候，要告訴自己：「我肯定能適應這個環境的」，「我是很優秀的」，「大家都是很好相處的」，「大家肯定會喜歡我的」，經常地給自己一些積極的心理暗示，會使自己慢慢的快活起來，可能一開始的時候有些勉強，時間長了，自己真的會變得開朗起來，不再畏懼。

有篇小文章《頑石的啟示》，讀來頗受啟發，讓我們共享。

我剛嫁到這個農場時，那塊石頭就在屋子拐角處。石頭樣子挺難看，直徑約有一英尺，凸出兩三英寸。

一次我全速開著剪草機撞在那石頭上，弄壞了刀刃。我對丈夫說：「咱們把它挖出來行不行？」

「不行，那塊石頭早就埋在那兒了。」

公公也說：「聽說底下埋得很深著哪。自從內戰後你婆婆家就

住在這裡，誰也沒有把它給弄出。」

但是我還是決定將它挖掉。

一次，我拿出鐵鍬，振奮精神，打算哪怕幹上一天，也要把石頭挖出來。誰知我剛伸手那石頭就起出來了，原來它不過被埋得一尺深……

那石頭給了我啟發，其實，阻礙我們去發現、去創造的，僅僅是我們心理上的障礙，思想中的頑石。

必修課：生活自理能力

對於大一新生來說，上大學可能是他們第一次離家，第一次開始長時間的住宿生活，第一次脫離了父母的悉心照顧，第一次真正面對生活中的吃喝拉撒……

如此之多的第一次看似瑣碎小事，但基本上都與人類最基本的需要──生理需要有關，所以你不得不面對，不得不每天都得面對。毫不誇張說，培養生活自理能力是大學生活的重要一課，活得都不滋潤，其他方面的發展勢必會受到影響的。傳統教育總是把生活的艱苦與學業的進步看著是正相關，其實不符合大部分人的實際情況。這裡需要申明的是：我們所說的「滋潤」不以生活費用的高低做指標，而是看你生活是否有條理？是否有規律？是否安排得很得體？

高中時由於學業的繁重，大部分時間和精力都用在了學習上，生活上的事情絕大多數由父母包辦打理。他們認為孩子能考上大學比學會處理日常生活重要得多，很多新生在整個中小學階段處於生活「真空」狀態。進入大學之後，生活自理方面存在很多的困難。

某大一女生，每天在為吃飯發愁，不是因為沒有錢，而是不知

道自己吃什麼，看著一樣樣的飯菜，不知如何選擇：番茄還是黃瓜？麵條還是米飯？饅頭要買幾個......有的時候看著喜歡的就買，一頓晚飯買了三四種菜，吃不完只好倒掉。並且習慣了在家中安靜地吃飯，坐在學校大餐廳裡，怎麼也吃不下去，感覺別人都在看著自己的「吃相」。

鄭娟是獨生女，父母特別疼她，洗衣服這類小事從沒讓她做過。父母常說，只要學習好什麼都好，這些事情以後慢慢會學會的。剛進大學時，鄭娟看著其他同學都自己洗衣服，因為好奇也開始學著洗。可第一次洗就鬧了個大笑話。由於沒有經驗，鄭娟不知道洗衣粉要攪拌後才會起泡泡。放了大半袋子，也沒看見泡泡，她就索性把一袋洗衣粉都倒了進去。結果不但把寢室地上、水池裡弄得滿是泡泡，還洗了一臉泡泡。這讓鄭娟覺得很沒「面子」，以後說什麼也不願再洗了。

這些簡單的生活自理問題應該是小學生就能掌握的，而一個已是成人的大學生卻遇到如此滑稽的「困難」，本是一件很羞恥的事情。而很多大學生甚至包括家長並不把它當作一回事，在他們看來，「萬般皆下品，惟有讀書高」，作為一個大學生，學習是最重要的，不會這些生活瑣事也罷，只要把學習搞好就行，大學生是做大事業的人，不應該被生活小事所牽絆。

也有些家長認為，家庭條件也富足了，不需要讓孩子自己受苦受累的做這些無聊的體力活。於是，不少家長為大學生僱保姆照顧自己的生活起居，有的甚至乾脆辭職到孩子附近的學校租房子親自照顧。

在某一大學的女生宿舍內，小張悠哉遊哉地和同學聊著天，旁邊一位衣著樸素的中年婦女滿頭大汗地鋪床、擺放洗漱用品。小張時不時中斷她和同學的談話，對中年婦女指點兩句：「那些衣服都是夏天的，留一半在學校，一半拿回家。你看看抽屜裡的藥有沒有

過期的，過期的就扔了。」這位中年婦女就是小張的家的保姆，每個月月底都要到學校，幫小張把床上的被單和衣服換洗了。

對這些家長的行為，我們感到有些可憐，又有些惋惜；可以理解，但不值得同情。愛子心切雖然無可厚非，可幫了倒忙仍然要受到指責。他們不明白大學是最好的、也是最後的一個自我成長的空間，而這麼好的機會卻被他們無情地剝奪了。

當然，作為當事人的大學生，應該旗幟鮮明地承擔起責任。家長之所以為我們找保姆，甚至是在學校的附近租房子陪讀，是因為我們的表現讓他們不放心，是因為我們自己做的不夠好。如果他們看到了我們的成長、成熟，他們真正的能放下心來，那麼他們就不會這麼為我們費心思，我們鍛鍊成長的機會和空間也會大很多。

大學之所以令所有的人嚮往，一個很重要的原因就是從大學走出來的人都是「高素質」的代名詞。經過四年的歷練，一個大學畢業生，不僅僅有過硬的專業技能，而且有很強的社會適應能力。而生存能力是社會適應能力的首要體現，一個人首先有了生存能力，才能適應周圍的世界。而生活自理能力又是生存能力的一個重要的組成部分。缺乏生活自理能力，生存狀態不夠良好，就是社會適應能力不強的表現，就是缺乏基本素質的表現。

其實，培養生活自理能力也不是什麼難事，只要你去做，想把它做好，多試幾次，總會變得越來越好。大學生中沒有弱智的，每一個人都是經過了無數次的考試的磨練，沒有一個大學生是想學好而不會的。只要你想做就一定能做到。

從進入大學的第一天開始，就應該學會日常生活的打理，要學會準時起床、運動，學會自己料理床鋪、收拾房間，學會自己洗衣服，學會自己照料自己……要學會為自己的行為負責，只有把自己的生活打理好了，才能夠安下心來做學問，不斷地發展自己。

為什麼就覺得我不行了

　　曉彬從小到大，學習一直是班裡頂尖，老師和同學都誇她聰明，他也一直認為自己是天下無敵，學得很快樂和輕鬆。但是在他以高分考入某國立大學以後，曉彬面臨的是來自全國各地高材生的競爭。第一學期，他考試成績中等，第二學期，高等數學不及格，讓他這個多次在中學數學競賽中獲獎的「數學王子」簡直無顏見人。

　　他深深地感到了不可抗拒的競爭壓力，感到周圍強者如林，而自己太弱了，他的心中充斥著難以忍受的落伍者的滋味。此時，曉彬發現自己非但不是最聰明的人，簡直就是一個最蠢笨的人。

　　某大學的女生，以當地第一名的成績考入台北某知名大學，第一學期期末，本來躊躇滿志準備獲取獎學金的她未能如願。情緒從此一落千丈，變得鬱鬱寡歡，無心學習，也無法處理好與同學的人際關係，還整夜失眠。最後不得不去醫院精神科檢查，結果診斷是患了憂鬱症。

　　原以為進入大學之後，會有很多的機遇，很大的發展空間。卻不料遇上的卻是當頭一棒。不僅是在學習方面，在其他方面也會有類似的遭遇。原以為學生社團會三顧茅廬，豈料上門面試都沒有透過；原以為學生幹部非我莫屬，競選的結果卻是名落孫山。

　　從未嘗試過的失敗體驗，讓有些同學選擇了退縮，自然而然地產生了感覺自己不行的想法。學習不再投入，其他的活動，即使是自己的專長也不再想參加，在一種挫敗的情緒中空虛度日，心底發出既憤憤不平又無可奈何地吶喊：怎麼就覺得我不行了？

　　這種挫敗感，會影響我們到達成功的彼岸。該如何看待它？又如何應對它呢？

我們先來給大家介紹兩個心理學概念——自我效能感與習得性無助感。

自我效能感由美國著名心理學家班杜拉率先提出，它是指人對自己是否能夠成功地進行某一成就行為的主觀判斷。

這種主觀判斷由兩種期待——結果期待與效能期待所構成。結果期待是指對自己行為與行為結果關係的推測。如果預測到某一特定行為將會導致特定結果，那麼這一行為就可能會被啟用、被選擇。比如說，某學生認為上課注意聽講就能得到好成績，那麼他就會去認真聽講。效能期待是指人們對自己能夠進行某一行為的實施能力的判斷，也就是說，是否確信自己能夠成功地完成某一預期行為，並取得令人滿意的結果。當確信自己有能力進行某一活動，便會產生高度的自我效能感。

由此可知，自我效能感是指一個人在進行某一活動前，對自己能否有效地作出某一行為的判斷，也說是人對自身行為能力的主觀推測。請注意，這是一種主觀推測，它不一定與自己的客觀上所擁有的能力完全相匹配。有一點是可能肯定的，如果你自己都不相信自己，認為自己做不好這件事，這件事會做得很圓滿的可能性不會很大。

雖然我們沒有清晰意識到，但實際上客觀存在的一個事實是：當我們在接受一個任務或者遇到了困難時我們常常會問自己「我能否勝任這項工作？」「以我的能力能應付眼前的困難嗎？」對於這種自我判斷的問題的回答即體現了一個人的自我效能感的高低。而一個人的自我效能感的高低決定了其對成功的難易程度的看法。

班杜拉等人的研究表明，自我效能感具有以下功能：

其一，它影響著人們對活動的選擇。自我效能感高的人傾向於選擇富有挑戰性的任務，接近自身能力極限的工作，而自我效能感

低的人則相反。

其二，它影響人們在困難面前的態度。自我效能感高的人敢於透過堅持不懈的努力可以克服困難；而自我效能感低的人在困難面前則常常退縮、膽怯、輕言放棄。

其三，它影響活動時的情緒。自我效能感高的人熱情洋溢、情緒飽滿富有自信；而自我效能感低的人則充滿恐懼與焦慮。

其四，它影響人們的注意指向。自我效能感高的人能將注意力和努力集中於情境的要求上，集中於活動本身；而自我效能感低的人將潛在的困難看得比實際上更嚴重。他們將更多注意力轉向可能的失敗和不利的後果，而不是如何有效地運用其能力實現目標。

自我效能感低下的極至狀態就是習得性無助感。它是指個體在接連不斷地受到挫折，便會產生無能為力、聽天由命的心態。美國心理學家塞裡格曼等人對這種心理現象進行了實驗研究。

他們在實驗中先是將狗固定在架子上進行電擊，狗既不能預料也不能控制這些電擊。在這之後，他們把狗放在一個中間用矮板牆隔開的實驗室裡，讓他們學習迴避電擊。電擊前10秒室內亮燈，狗只要跳過板牆就可以迴避電擊，對於一般的狗來講，這是非常容易學會的，可是，實驗中的狗絕大部分沒有學會迴避電擊，他們先是亂抓亂叫，後來乾脆趴在地板上甘心忍受電擊，不進行任何地反應。塞裡格曼認為，這一實驗結果表明，動物在有了「某些外部事件無法控制」的經驗之後，會產生一種叫做習得性無助感的心理狀態，這種無助感會使動物表現出反應性降低的消極行為，妨礙新的學習。後來，以人為被試的許多研究也得到了相似的結論。

讀完這個實驗，你應該有一種恍然大悟的感覺了吧？原來有些時候我們總認為自己不行的原因，並不是來自於我們所經歷的種種挫折以及失敗，而是經歷了這些事件之後我們所產生的心理暗示，

心理壓力，影響了我們的自我認知，於是對自己的能力，意志力等個性品質產生了懷疑。往往這種懷疑會使我們儘量的迴避與外界接觸企圖減緩自卑的壓力，時間長了，這種逃避心理會使我們遇到事情不敢積極面對，而只是消極退縮，而這種退縮正好驗證了自己一開始的「預言」──我不行。

我們以為，大學生產生自我效能感低下直至產生習得性無助感的主要原因在於他們把自我評價建立在不恰當的盲目的比較上，而這種不恰當的盲目比較又是由於沒有充分的認識到大學和中學的區別而導致。其表現可歸納為下述幾點：

其一，生活的關注點發生了變化。

在中學，取得高分，考入大學是每一個人的心願，大家幾乎把所有的心思都傾注到了學習上，分數上，排名上。沒有什麼心思去關注其他方面，但是進入大學以後，當回過神來看看周圍的同學，會發現自己在很多的地方都不如別人。幾乎每一個人在不同的方面都比自己厲害，這個時候就會產生失落感。

例如：一個具有很強的組織能力，在班級中人緣較好但是成績平平的人在高中是不會引起你的注意的，也不會令你羨慕，不會給你帶來心理上的壓力。因為你只會關注成績的排名，並且只關注那些成績比你好的人。但是，在大學裡，如果某位同學雖然成績平平，但是非常活躍，很有號召力，具有很強的溝通能力和協調能力，這個時候，你就會產生一種心理壓力，與之相比就會產生一定的平庸感，感覺自己不是那麼的優秀了。

其二，評價的週期發生變化。

在中學只看分數，只講排名，這種具體的、短期內很容易見效的評價方式使中學生很容易獲得成就感，即使偶爾一次考得差了，也會有很大的信心奮起直追，因此這種努力在下一次考試中就能夠

看到效果，獲得同學和老師的關注。大學則完全打破了這種評價方式，評價一個人的優秀與否似乎變得撲朔迷離，沒有什麼硬性的規定。自己也不知道究竟從哪些方面入手才能夠使自己變得優秀，自己的努力也很難在短期內見效，這時，別人一點小小的成績就會使自己產生落魄感。

其三，比較的群體範圍發生變化。

一般來說，能擠過大學獨木橋、考上好大學的同學，在高中階段都是學習的佼佼者。剛念了大學，還幻想著自己成為班級中的中心人物，成為別人關注的焦點，難度可就大多了。再則，佼佼者的聚集就好比一把雙刃劍，一方面可以相互的溝通、交流和學習，不斷地完善自己。另一方面也會使得自己的中心地位喪失。

其四，社會期望過高。

自古以來，金榜提名都是一件光宗耀祖的事情。每一個進入大學的同學都揹負著很多來自家長、老師、朋友及自身的期望。過高的期望會使大一新生產生過高的自我評價，帶來很大的心理壓力，認為自己必須在大學裡要非常優秀，要出人頭地，不能辜負了一系列的社會期望。這種心態進入大學會產生兩種後果：過高的期望往往使自己的做事效率變低，反倒會使自己的潛力發揮不出來；致使許多大學生完全根據周圍人的期望來認識自己，而不是根據自己的實際情況客觀地分析自己、定位自我。

找到了問題的原因所在，就不難對症下藥了。

第一，認識到自己的長處。

大學很自由，每一個人都能夠充分發揮自己的優勢，關鍵是要找到自己的長處，並經營好它，它是增強我們自信的重要砝碼。你可能不辨音律，但卻有高超的組織才能；你也許不解數字之謎，但卻心靈手巧，長於工藝；你可能不會琴棋書畫，但酷愛大自然，精

於園藝；你或許記不住許多外語單字，但有一副動人的歌喉，擅長文藝。這些都足以讓你在大學裡大顯身手，可以讓你擁有一個充實而又成功地大學生生涯。

第二，坦然地面對差距。

在這個群英雲集的地方，肯定有很多的人身懷絕技，當發現了與別人的差距之後，要對自己，對差距作一個客觀的分析。

一般而言，差距分為兩類：一類是我們必須想方設法彌補趕上的，比如我們在人際交往、待人接物，口語表達上的問題。這是我們安身立命的最根本的東西，我們每天都必須面對的。如果與周圍人有差別，一定要想辦法縮短這種差距。

第二類差距是其他能力方面的，如果這種差距能被趕上，是錦上添花的事情，如果趕不上也無傷大雅。人來到這個世界上必須面對這樣的現實，在一生中我們能做的事情非常少，能做好的就更少了，所以不要指望自己在所有方面都比別人強。在某一方面趕不上別人沒是很正常的。

面對差距，我們要給自己充分的時間，要看到自己成長改善的過程，而不能太急於求成。很多同學想在短期內彌補並超過其他人，這種期望是非常不現實的，差距是客觀存在的，怎麼可能一夜之間就把它解決掉？我們要學會在相當長的時間內接受與別人存在差距的現實。

第三，給予自己積極的心理暗示。

在生活，學習，工作中，我們一定要給予自己以積極的心理暗示，要相信自己的能力，要多回想自己成功的經歷，要能夠看到與自己的水平差不多的示範者取得的成功，這樣都可以提高我們的自我效能感。當面對困難，挑戰的時候，一定要不斷的對自己說：「我一定能做好！」當你真正具備了這種積極健康的心態的時候，

當你能夠從容的分析客觀世界的時候，漸漸的，你會發現成功真的沒有我們想像得那麼難，成功正在向自己慢慢的靠近。羅斯福曾經說過「我們唯一該怕的是『恐慌心理』」。正是這種對成功的恐慌心理使得許多人對成功望而卻步。

大學裡，本來就有很多的發展空間，我們要相信肯定能找到適合自己的一條發展道路。也許摸索的過程是非常艱難的，肯定會遇到失敗的體驗，每當這個時候，我們應當告訴自己：

我這一次不行，並不意味著我下一次不行，更不意味著我永遠不行。在一個特定的領域、在一個特定的時間、在一個特定的條件下，我就是行，比任何人都行。我現在不行，並不是因為我的潛能不行，而是由於努力不夠，堅持下去，繼續努力，我就能行。

上帝給予我們的時間與智慧足夠我們成就一番事業，我們完全可以有很大的作為，取得很大的成就，可以擁有我們想擁有的一切——一切皆有可能。

專欄

A

30年前，一個年輕人離開故鄉，開始創造自己的前途。他動身的第一站，是去拜訪本族的族長，請求指點。老族長正在練字，他聽說本族有位後輩開始踏上人生的旅途，就寫了3個字：不要怕。然後抬起頭來，望著年輕人說：「孩子，人生的祕訣只有6個字，今天先告訴你3個，供你半生受用。」30年後，這個從前的年輕人已是人到中年，有了一些成就，也添了很多傷心事。歸程漫漫，到了家鄉，他又去拜訪那位族長。他到了族長家裡，才知道老人家幾年前已經去世，家人取出一個密封的信封對他說：「這是族長生前留給你的，他說有一天你會再來。」還鄉的遊子這才想起來，30年前他在這裡聽到人生的一半祕訣，拆開信封，裡面赫然

又是3個大字：不要悔。

B

　　一個年輕人來到一個陌生的地方碰到一位老人，年輕人問：
「這裡如何？」老人反問：「你的家鄉如何？」年輕人說：「簡直
糟糕透了。」老人接著說：「那你快走，這裡同你的家鄉一樣糟
糕。」又來了另一個年輕人問同樣的問題，老人也同樣反問，年輕
人回答說：「我的家鄉很好，我很想念我的家鄉……」老人便說：
「這裡也同樣好。」旁觀者覺得詫異，問老人為何前後說法不一
致？老人說：「你要尋找什麼，你就會找到什麼！」

第三章 學會學習，知識經濟時代的強者

引言

傳統觀念認為：學習成功除「三更燈火五更雞」外別無它途。

不！既然科學技術已被證明是生產力快速發展的推動力，為什麼不能成為學習效率大幅度提高的倍增器？

掌握學習策略──讓學習更輕鬆；更愜意；更經濟；更有效......

學生以學為主，大學生亦概莫能外。所以學習問題，是本書討論的重點內容之一，也是所有大學生讀物中的主幹話題之一。不過我們的視角有所不同，有關勤奮、勵志類的話題這裡就不想說了，別人已經說得很多，也說得很好。我們試以大學學習為背景，從技術的角度，重點談談「學會學習」的問題。

面對新的學習模式

進入大學，從舊的學習模式向新的學習模式過渡，這是每個大學新生都必須經歷的過程。

從中學以教師為主導的教學模式轉變為以學生為主導的自學模式，會使很多的大學新生感到不適應。

小丹是一位學醫的大一新生，原來在中學時班裡學習的佼佼者，可是上了大學沒幾天，他覺得對大學的教學和學習方式都很不

適應。怎麼同樣是一節數學課，中學最多講兩三頁，而大學足足講了十多頁；怎麼大學課後作業倒不是很多，可參考書沒完沒了；怎麼大學老師上課只指重點，難點就不管了，不肯慢慢的教……

大二的小周在接受採訪時說，初進大學後最大的不適應就是教學方式的改變。高中時，老師都「盯」得很緊，還不時地有這個測驗那個考試，不想努力都難。但是進了大學，作業不常佈置了，不會再有什麼測驗了，老師也很少主動來關心自己的學習，連上課地點也不固定了。面對這麼「寬鬆」的學習方式，小周有些手足無措。

不自由時盼自由，自由來了，到又有點無所適從了。從中學到大學，學習模式在轉變，而這一轉變需要一定自制力和自主性。大學，是主體意識培育與張揚的溫床。為及早適應轉變，我們提出以下建議：

首先，正確理解大學老師的角色與作用。大學裡，教學任務不是教師工作的全部，教師還有研究工作。教師好像「沒有人情味」，也不來班上，上課的前一分鐘才來，上完課就走人，上了一學期的課也不認識幾個人，還沒有高中老師那麼的熱情。其實，大學老師很喜歡對他的研究方向感興趣的學生，但要你去請教他，他不會來找你。

大學老師上課有一定的空間和隨意性，會根據自己的見解和研究方向對教材作取捨和補充，講課也是指導性的講解和釋疑，或提供解決問題的方法和思路；這並不是老師不負責任，而給學生很大空間。在大學裡，每個人的知識體系靠自己建構，老師沒有任何的權利要求學生對自己所教的學科感興趣，這種指導性的講解和釋疑，就是給大家一個啟發，如果你感興趣，就自己鑽研下去。

其次，要正確認識大學的課堂。大學課堂教學往往是提綱挈領式的，教師在課堂上只講難點、疑點、重點或者是教師最有心得的

一部分，其餘部分就要由學生自己去攻讀、理解、掌握。大部分時間是留給學生自學。

大學裡很多課程是學生自己選的，即使是一個班級的同學，上課的課表也各有不同。要儘量安排好時間，不要跑錯了教室。一些基礎課程教學一般都在階梯教室裡進行，人數很多，建議「搶佔」前10排座位，這樣聽課效率會高一些。

在課堂中，你再也不是老師關注的中心。你瞌睡也好，上網也好，只要不影響其他的同學，不會有人提醒你。老師只會認為你對他的課不感興趣，但不會強迫你去聽。同時，很多的課程可能是許多的專業人在一起上，不乏有混課的人，紀律不是很好，要有抗干擾的能力，不受外界的影響。

再次，注重自學能力的培養。錢偉長曾說：一個人在大學四年裡，能不能養成自學的習慣，學會自學的習慣，不但在很大程度上決定了他能否學好大學的課程，把知識真正學通、學活，而且影響到大學畢業以後，能否不斷地吸收新的知識，進行創造性的工作。培養和提高自學能力，是大學生必須完成的一項重要任務，也是進行終身學習的基本條件。

大學的學習不能像中學那樣完全依賴教師的計劃和安排，也沒有老師會幫我們安排，這個時候就要發揮自己的主觀能動性，發揮自己的學習的潛力。在內容的選擇上，不能以單純的接受課堂上的教學內容為目的，要根據自己的專業特點和需要，有選擇、有側重地吸收知識。在學習方法上，不能靠死記硬背，要主動摸索適合自己的一套方法，按照自己的模式去理解、消化知識。

最後，高度重視學習計劃的重要性。大學生自由支配的時間越來越多，老師不再施加壓力，特別是文科的課程，課業一般比較輕鬆。成績的好壞就全靠個人平時的學習態度是否自覺了。這個時候制定一個合理的學習計劃顯得尤為重要。在每一個學期開學之初，

確定所學課程後，要為自己制訂一個合理可行的學習計劃、確切的學習目標，探索最佳的學習時段，並堅持按照計劃進行學習。

面對課程：要全面更要側重

中學的學習，基本上都是「命題作文」，老師要你學什麼就學什麼，老師要求你學到什麼程度就學到什麼程度。雖然有學者建議：「中學生也要有自己的學習空間，多讀一些課外書籍有好處。」但如今的中學生還有空餘時間嗎？到了大學就不同了，學習的深度與廣度很大的程度上由自己來把握。自我設計，在大學階段得到了很充分的體現。

大學裡主要有三種類型的課程：專業課程、選修課程、通識課程，涉及到各種面相、門類眾多的學科。每個學期都會開設很多的課程，每門課程都學得很優秀、很精通既無可能也無必要。

教育者和被教育者都無法逃離這樣一個問題的拷問：社會需要的究竟是專才還是通才？10個10%和1個100%，究竟哪一個在社會上更受歡迎？

經濟發展導致社會分工越來越細，人也因此越來越「退化」成一個工具。辦公樓裡的白領照樣也被精細的社會分工定格在非常有限的工作領域裡。在這樣一個跟流水線毫無區別的工作環境中，衡量一個人的工作能力，最首要的只可能是他能否出色地完成自己的本職工作。通俗一點說就是「一個蘿蔔一個坑」。我曾經面試過一個美術系的畢業生。因為她有過同行業的工作經驗，而且是一個非常美麗可愛的女孩子。出於招聘的起碼原則，我要求看她的作品。她給我看了很多設計作品。但是，儘管我是外行，我還是能感覺出那些作品風格不大統一，於是我讓她當場給我設計一個宣傳單張。她的表現讓我非常失望。她難過地對我說：「我承認我不是一個非

常優秀的美工，但是我有過同行業工作經驗，除了做美工，我還可以參與產品的策劃，而且我文筆也不錯，適當分擔文案的工作也沒有問題。」我問道：「那你能夠勝任產品策劃或者文案的工作嗎？」她看著我，搖了搖頭。在用人單位的眼中，10個10%並不是100%，而是零。

大學時代是從學生走向社會人的最後一次集中學習時期，是面向未來事業臨出發前的加油站。大學學習為畢業後的求職提供學歷條件、為自己未來的職業工作準備相關知識，必須是根據自己的職業規劃來有所側重分配我們的時間、精力，正確處理好廣度和深度的關係。

首先，專業課必須要精深，以期得到「一招鮮」。這「一招鮮」將使你賴以生存的最重要的、也是最可靠的保證。建議做到以下幾點：

要上好每一堂專業課，最好不要翹一堂專業課。因為可能錯過了一節課下次課你就聽不懂了，再來就是認真做好筆記。

認真對待專業老師上課推薦的書目。每一位專業老師都會推薦一系列與課程相關的書目，一定要認真對待。老師不會檢查你是否去看了，看與不看在短期內似乎沒有什麼效果，但是如果你每一門專業課的推薦書目都大致看了一遍，到了大三的時候，你的專業素養自然就會突現出來。

多翻看一些專業期刊，瞭解學術前沿。圖書館裡每一個專業都有很多的相關期刊，要多翻翻專業期刊，這對你把握本專業的學術前沿很有幫助，會讓你形成對專業問題的敏感度。

其次，通識課必須要通過。所謂通識課，就是任何專業的大學生都要學習的課程。通識課對於完善一個大學生的基本知識結構有著十分重要的作用。正是因為通識課的存在，才使得一個大學生的

知識結構既有深度又有廣度。而一個既精通專業，有博覽其他的人才真正是一個有價值的人。

對於通識課的學習，我們首先要通過它的考試。大多數的通識課都是必考科目，從功利性的角度來講，它是與畢業證書或學位證書緊密相連的。就算你不喜歡它吧，但通過是必須的，如果重修了那可是很慘的事情，既浪費時間又浪費金錢。

在一些通識課中，我們也要有所側重，不是均衡用力。對於部分實用性強的通識課，如外語、微積分，要當成專業課來對待。因為它們是學好專業的工具性科目。

當然，我們花在通識課上的時間和精力不可能和專業課上的一樣。那麼我們到底怎樣去學呢？我們的建議是：上課認真聽講，課後稍作整理，考前複習。如能做到這一點，對付考試肯定不會有問題了，而且還可以學到一些有用的東西，對充實自己，豐富自己也會有很大的幫助。

再次，選修課主要考慮到自己的興趣，愛好與特長。

最後，我們要充分的利用圖書館，網際網路這些資訊載體，不斷地擴展自己的知識面。

有深度，有廣度，全面而有所側重，你才能在以後的工作中遊刃有餘，才能在有可能的轉型中應付自如，才會有更廣闊的發展空間。

走捷徑：掌握認知策略

中國的讀書人誰都知道這麼兩句話「書山有路勤為徑，學海無涯苦作舟」。似乎，學習除了苦以外，別無它途。至於「走捷徑」，更是為學人們所不齒。這是一種錯誤的觀點，學習當然需要

努力，但也要講究方法與技巧。走捷徑與節約資源為同義語，應大為推崇。當今之世，我們要學的東西太多，我們也要追求個人生活質量，而時間卻是恆定的。此時，我們只有向科學技術要生產力了，這就有必要掌握認知策略。

策略是一種內部思維組織過程，認知策略是學習者控制與調節自身的學習、記憶與思維等認知過程的能力。有時，我們對學科知識、對解決問題的方法、步驟背得滾瓜爛熟，但在真正解決問題時卻一籌莫展；同一個問題，有人三言兩語就表述得很清楚，有人說了半天還沒說到重點上；同一道題目，有人很快就算出正確答案，有人也能做對，但耗時太長。差異不在別處，就在於認知策略的水平不同。可見，如果掌握了科學的認知策略，對提高我們的學習能力、解決問題的能力助益頗多。

認知策略分為三種：複述策略、精加工策略和組織策略。

一、複述策略

顧名思義，複述策略就是指為了保持資訊而對資訊進行反覆重複的過程。複述雖然不是最有效的方法，卻是最基本的方法。在短時記憶中，需要複述來保持資訊。在長時記憶中，沒有複述更是不可想像的。下面我們介紹一些常用的複述策略：

1、及時複習

心理學家已經提示出遺忘的規律——遺忘的程序是不均衡的、先快後慢，大量的遺忘發生在學習剛剛結束以後。在學習後20分鐘，保持量為58.2%；一小時為44.2%；一天為33.7%；一個月為21.1%。在聽完課後或自學後，如不及時複習，到考試的時候或到用到的時候，你會發現以前的東西都已經忘得差不多了。

2、集中識記與分散識記

如果你打算花十個小時的時間記憶一篇材料，是把這十個小時

集中於一天呢？還是分散到十天？對於大多數學習而言，分散複習更有利於保持。在考試的前一夜，臨時抱佛腳，熬夜複習，或許能幫助你通過考試，但這些資訊並未有機地整合到你的長時記憶中去。一般而言，分散識記的效果比集中識記要好一些，但對於篇幅小或內在聯繫強的內容，採用集中識記的效果比較好，因此要兩者結合使用。

3、首位效應與近位效應

當我們學完一系列詞彙後，馬上加以測驗，我們記開始和結尾的幾個詞一般要比記中間的詞要好得多，這就是首位效應；另一方面，由於在最末了的項目和測驗之間幾乎不存在其他資訊的干擾，這就造成了近位效應。我們在學習時，應該把重要的、核心的知識點放在開頭複述，並且在結尾的時候再總結複述一遍，更有利於複述的效果。

4、多種感官參與

運用多種感官協同記憶，可在大腦中留下多方面的回憶線索，從而提高記憶效果。例如我們在記外語單詞的時候，應做到口到、眼到、耳到、手到、心到。心理學家曾在這方面做過有趣的研究。結果表明，人的學習1%透過味覺，1.5%透過觸覺，3.5%透過嗅覺，11%透過聽覺，83%透過視覺.。而且，人一般可記住自己閱讀的10%，自己聽到的20%，自己看到的30%，自己看到和聽到的50%，交談時自己所說的70%。所以，多種感官的協同參與，有利於提高複述的效果。

5、嘗試回憶

當我們記憶某種內容時，常用的方法是反覆地閱讀和練習。這樣的學習效率沒有在記憶過程中嘗試回憶好。所謂嘗試回憶，就是在學習一篇材料時，時而閱讀，時而嘗試回憶。其最佳時間比是

20%的時間用於閱讀，80%的時間用於嘗試回憶。這樣做的好處是，根據自己嘗試回憶的情況，檢查自己的錯誤和薄弱環節，從而重新分配精力，並且學習印象深刻、記憶牢固、學習效率提高。

6、過度學習

過度學習就是指在對學習材料在記住的基礎上，多記幾遍，達到熟記、牢記的程度。心理學研究表明，過度學習的最佳程度是150%。比如：如果你記住一個單字需要讀六遍，那麼，在你讀了六遍之後，再讀三遍，記憶的效果會更好。這種方法對於英語的學習最為有效。

7、不同科目交叉安排

把大部分的時間集中進行某一科的學習是不科學的，因為太長時間記憶記憶某一類內容，會形成記憶互動抑制，會嚴重影響記憶的效果，因此把時間分成20～30分鐘的小部分，交替安排溫習和新內容，以及不同科目之間的學習交替進行，可以減免記憶互動抑制，提高記憶的效果。

8、放鬆心情

心理學研究表明：緊張時腎上腺素分泌增加，它是損害精神集中功能和記憶力的大敵。反之，在寬鬆環境中，腦垂體後葉分泌加壓素，它對增強記憶功能大有好處。大學的學習，有很大的強度，很大的難度，學習壓力是難免的，面對壓力緊張是沒有用，而是要學會放鬆，這樣才能提高記憶的效率。

9、保證充足的休息

人腦的腦細胞的突觸增生過程必須在睡眠狀態下進行，如果睡眠不足，則會嚴重影響獲得記憶的能力。大學生一般都是住集體宿舍，經常會臥談到很晚，睡眠時間不能統一，休息很難保證。這會嚴重的影響記憶的效能。

二、精細加工策略

這一個策略能夠把新舊知識之間建立聯繫，增進對新知識的理解。人們常常把它說成是理解的策略。經過精細加工的資訊進入已有的知識網路中，在以後需要的時候可以透過知識網路把它推匯出來。

精細加工的主要方法有：

1、提問與質疑

透過追問「為什麼」，或用批判的眼光來看待已有的事物，達到對事物的深層次理解。

有人曾作過這樣的研究，讓兩組學生學習關於植物、動物迴圈系統的知識，對一組僅要求仔細閱讀，將來要考；對另一組則要求邊讀邊向自己提問，「為什麼這個句子所說的事實是正確的」實驗時明確告訴學生，儘管有些事實與常識似乎有些不符，但所有句子都是正確的。並鼓勵學生，要盡最大努力回答自己向自己提出的「為什麼正確」的問題，如果自己答不出來，就採取猜測的辦法。學習之後進行即時測驗和間隔74天和180天的延遲測驗，結果表明質疑組測驗成績明顯優於對照組。

在學習的過程中，要學會質疑，用批判的眼光接受新的事物。這樣可以更透徹的理解新的知識。

2、先行組織者

先行組織者是一種先於學習內容呈現的一種引導性材料（通常是比將要學習的材料更高一級的概念水平），目的在於把新學的知識納入到已有的知識結構中，組織者一般放在學習材料之前，所以稱為先行組織者。有時候，我們要學習的知識和我們原來的知識結構之間的關聯性不大，我們就可以在學習新的知識之前先看一些引導性的資料，這樣更有利於新舊知識之間建立聯繫。

3、善於運用比較

比較是對兩種或兩種以上易混淆的相關事物進行對比分析的一種常用方式。常言道：有比較，才有鑑別。當新學的知識與原有的知識存在某種聯繫而又有區別時，往往容易混淆不清，張冠李戴。對這種易混淆的相關知識進行比較，不僅能揭示新概念的關鍵特徵，而且能更容易地掌握新概念的內涵。因此比較也是一種常用的精細加工方法。

三、組織策略

組織策略也是強調知識之間的聯繫，但是與精細加工策略不同的是，組織策略強調的是新知識之間的組織。一方面，組織是把資訊組合成具有一定意義的整體，而有意義的內容通常是比較容易記住的。另一方面，組織是把學習材料分解成一些較小的單元，再把這些單元歸在適當的類別之內，這樣，每項資訊就都同其它資訊聯繫在一起得到記憶，這將大大有助於資訊的提取。

組織策略的主要方法有：

1、聚類法

聚類法也叫歸類法。是指在自由回憶中按特徵或歸屬組織記材料的方法。對含有不同類型且隨意排列的片語，先「聚類」，並按類別來回憶，可以提高回憶效果。

有人曾給5至11歲兒童16張畫片，每張圖片上畫有一種物品，這些物品可以分為動物、傢俱、交通工具、服飾四類。這些圖片的次序隨機排列成一個圓圈，要求被試者儘量記住這些圖片，但可以重新安排次序。結果表明，隨著兒童年齡的增長，聚類的傾向越來越強，回憶的成績也越來越高。

聚類法有利於學習者將新學知識相互聯繫、構成一個整體，形成一種結構，因此是一種有效的學習策略。

2、提綱概括法

提綱是整理過的知識，能使人的思維有跳躍性、直覺性。列提綱不僅似紅線串珠減輕短時記憶的負擔，有助於長時記憶，而且還能提高思維的條理性、結構性、主題突出，還有助於提高創造性解決問題的能力。

3、圖解綱要法

與提綱概括法相同，圖解綱要法也是對新知識進行概括，只不過，是利用圖解的方式體現知識的結構，作關係圖，這樣就比提綱更加形象、直觀。

高效率：利用認知策略

在「終身學習」的社會大背景下能夠學會學習，學習各種不同的學習策略，知道何時何地該運用何種策略，瞭解自己思維過程或學習過程，並能進行有效的自我調節顯得尤為重要。所有這些，都與認知相關。所謂認知，就是對認知的重認知。

譬如，一個成功的演講家，在演講的過程中，會根據會場的氣氛對下面要講的內容進行調整，如果聽眾心不在焉，他會幽默的插入幾個例子，吸引大家的注意力，如果聽眾氣氛非常的高昂，在講一些比較厚重的話題讓大家靜下心來……，而一個沒有經驗的演講家，他會把關注點放到自己的稿子上，無暇顧及觀眾的反應，更不能根據會場的氣氛進行調節，他只能知道自己在演講，而不能知道自己演講的效果怎麼樣，更不用提及時的調節了。

差別在那裡呢？可能不僅僅是內容本身或技巧，而是前者把自己當作認知的對象，隨時根據覺察到的情況調整自己的行為，後者則是缺乏一個內部觀察者的存在。

學習亦如是，只有苦幹，沒有自我觀察與反思的人，不會出現多快好省的局面。研究表明，在基礎知識水平相同、學習能力不同的兩類學生之間，造成他們學習能力差異的原因是認知水平的差異。在認知能力和學習成績的關係上，認知水平越高，則其學業成績越好。

認知中的核心要素是認知控制，它決定著認知水平的高低。

認知控制即指認知主體對認知活動進行調節的技能。個體對認知活動的調節正是透過運用相關的認知控制而實現的。運用認知控制的過程可能是有意識的，也可能是無意識的。在認知控制形成的初期階段，它的運用需要意識的指導；當這種技能得到高度發展時，他就成為一種自動化的動作，不為意識所覺知。認知控制又包括：認知計劃、認知監視、認知調節。

第一、認知計劃。

認知計劃是根據認知活動的特定目標，在一項認知活動之前計劃各種活動、預計結果、選擇策略、想想出各種解決問題的方法，並預估其有效性。

認知計劃策略包括設定學習目標、瀏覽閱讀內容、產生待回答的問題以及分析如何完成學習任務。給學習作計劃就好比是足球教練在比賽前針對對方球隊的特點與出場情況提出對策。不論是完成作業，還是為了應付測驗，學生在每一節課都應當有一個一般的「對策」。

成功的學生並不只是聽課、作筆記和等待教師準備測查的材料。他們會預測完成作業需要多長時間，在寫作前獲取相關資訊，在考試前複習筆記，在必要時組織學習小組，以及使用其他各種方法。換句話說，成功的學生是一個積極的而不是被動的學習者。

第二、認知監視。

認知監視是在認知活動進行的實際過程中，根據認知目標及時評價、反饋認知活動的結果與不足，正確估計自己達到認知目標的程度、水平；並且根據有效性標準評價各種認知行動、策略的效果。認知監控策略包括閱讀時對注意加以跟蹤、對內容進行自我提問、考試時監視自己的速度和時間。這些策略使學習者警覺自己在注意和理解方面可能出現的問題，以便找出來，並加以修改。例如，當我們為了應考而學習時，會向自己提出問題，並且會意識到某些章節自己並不懂、自己的閱讀和記筆記方法對這些章節行不通，需要嘗試其他的學習策略。

　　第三、認知調節。

　　認知調節是根據對認知活動結果的檢查，如發現問題，則採取相應的補救措施，根據對認知策略的效果的檢查，及時修正、調整認知策略。

　　認知調節策略與監控策略有關。例如，當學習者意識到他不理解課的某一部分時，他們就會退回去讀困難的段落、在閱讀困難或不熟的材料時放慢速度、複習他們不懂的課程材料。測驗時跳過某個難題，先做簡單的題目等。調節策略能幫助學生矯正他們的學習行為，使他們補救理解上的不足。

　　其實，認知控制的三個方面總是相互聯繫在一起而工作的。學習者在認識自己的當前任務之後便使用一些標準來評價自己的理解、預計學習時間、選擇有效的計划來學習或解決問題，然後，監視自己的進展情況，並根據監視的結果進行調節，採取補救措施。

　　例如：我們正在學習清朝將香港割讓給英國的歷史。開始我們可能會想，在未來的測驗中，有關這些知識的考題可能會以簡答題和論述題的形式出現，因此決定用自己的話敘述要點和重要歷史事件，在學習的過程中，發現自己經常搞混一些戰爭和條約，於是決定慢慢而細緻地再讀一遍；或者尋找其他線索，如圖、表、索引等

來幫助理解；或者退回到這一章更前面的部分。這意味著我們要能預測可能會發生什麼，以及如何去改正自己，用行得通的策略替代行不通的策略，隨時變化或修改自己行為。

總之，學習需要投入，但什麼時候都要明白自己的行為方式、路徑、思路的科學性、合理性、有效性、適時性。要有不間斷的監控，及時地調整，這樣才會有效率，才會有效益。

提高問題解決的技能

我們在過去的生活與學習中已經解決了大量的問題，因此也有了一定的解決問題的技能。不過，沒有上升到理論層面，沒有意識化。這裡將對與問題解決有關的諸事項作一表述：

1、問題的成份

任何問題都由三種成份構成：其一：給定。一組已知的有關問題條件的描述，即問題的起始狀態。其二，目標。有關構成問題結論的描述，即問題要求的答案或目標狀態，問題解決就是要把問題的給定狀態轉化為目標狀態。其三，障礙。正確的解決方法一般不會是直接的、顯而易見的，那就不是問題了。它必須透過一定的思維活動才能找到答案，達到目標狀態。

2、問題解決的特徵

雖然問題類別形形色色，但問題解決卻有著共同的特徵。其一，目的的指向性。問題解決具有明確的目的性，它總是指向於特定的終結狀態。其二，操作的順序性。問題解決必須包括心理操作過程的序列，否則就不是問題解決。其三，認知操作，問題解決的活動必須透過人的認知活動來完成。

3、影響問題解決的因素

有時，我們不能解決問題或不能很好地解決問題是由於一系列來自外部的或內部的種種因素的影響。我們需要認識這些因素，避免或者利用這些因素。這些因素包括：

(1)問題呈現方式

問題呈現方式是人們面臨的刺激模式與其已有的知識結構所形成的差異。如果問題的呈現方式能直接提供適合於問題解決的線索，那就有利於找到解決問題的方向、途徑與方法。如果問題的呈現方式掩蔽或干擾了問題解決的線索，那就會增大問題解決的難度，甚至會誤入歧途。

我們可沒有少吃過這種現象的虧喲。

下面請諸位做一道數學題：

某人花50錢買了一匹馬，60錢賣出去了，又花了70錢把這匹馬買回來，最後又把這匹馬賣出去，問此人在這筆生意中賺了多少錢？

也許你做對了，也許你做錯了。如果是做錯的話，與你的數學能力無關，只是因為出題者故意將問題呈現方式複雜化，而誘導你步入陷阱。我們在學習中可不要因之而受迷惑喲！

(2)知識經驗

任何問題的解決都離不開知識經驗的作用。在許多情況下，問題不能解決是由於知識經驗不夠的原因。對於新手來說，更是如此。

有這樣一道題目可以說明問題。

一隻熊從P點出發，向南走一公里，然後再轉向東走一公里，再轉向北走一公里，便回到它的出發點P點，問這隻熊是什麼顏色？

乍看上去，這題目很荒唐，但如果有相關的知識，這會覺得這題目很有道理。而且會認定，P點北極的頂點，這隻熊是白色的。因為，地球是圓的，在北極的頂點上向南走一公里，轉向東走一公里，再左轉向北走一公里便可以回到原出發地。北極的熊是白色的，而南極的熊不是。

由此可知知識經驗在解決問題中的重要性與必要性。當然，還有與之相反的研究。有人認為，知識經驗過多既是一筆財富，也是一個包袱。有人問愛因斯坦何以能創造出「相對論」？愛因斯坦答道：「因為我沒有受過嚴格的、系統的物理學訓練。」

(3)定勢作用

定勢，也稱心向，是指主體對一定活動的預先準備狀態。在問題解決過程中，如果以前曾以某種想法解決某類問題並多次獲得成功，則以後凡是遇到同類問題時，也會重複同樣的想法。這種思維的習慣性傾向也稱定勢。

定勢作用有時有利於問題的解決，在問題情境不變的情況下，它可以大大提高問題解決的速度。但也有可能導致人們思維的刻板化，機械地復演先前的成功之路，結果是：或者使思路兜圈子，或者是走入死胡同。

(4)功能固著

功能固著是指個體在解決問題時往往只看到某種事物的通常功能，而看不到它其他方面可能有的動能。這是人們長期以來在日常生活中所形成的對某種事物的功能或用途的固定看法。例如，一般認為熱水瓶是用來裝開水的，襯衫是用來穿著的，而不易想到，在必要時可以把熱水瓶當儲油瓶，把襯衫當畫布。在問題解決中，有時只有克服這種功能固著才能找到新的求解思路。

(5)醞釀效應

當一個人長期致力於某一問題解決而又百思不得其解的時候，可以對這個問題的思考暫時停下來去做別的事情，幾小時、幾天或幾周之後，可能會忽然想到解決的辦法，這就是醞釀效應。

(6)原型啟發。在問題解決過程中，原型啟發具有很大作用。所謂啟發，是指從其他事物上發現解決問題的途徑和方法。對解決問題起了啟發作用的事物叫原型。

原型啟發在創造性問題解決的過程中作用特別明顯。魯班從絲茅草割破手指中受到啟發，發明了鋸子；萊特兄弟從飛鳥和一架裝有螺旋槳的玩具中受到啟發，創造了飛機。科學上的許多創造發明都得益於原型啟發。

(7)動機強度

動機強度與解決問題的效率之間有著複雜的關係。當動機強度過弱時，也就是說你主觀上不想做好這件事，或投入程度不高，自然是做不好這件事。隨著動機強度的提高，解決問題的效率也隨之而提高。但我們需要注意的是，動機的強度並不是愈高愈好。請看耶克斯——多德森定律：

這一研究表明，地一般情況下，中等強度的動機最有益於提高解決問題的效率。

為什麼動機強度過高反而不利於問題的解決呢？原因是：動機強度過高會喚起過高的神經能量，干擾了正常的認知加工和手眼協調，從而導致解決問題效率的下降。並且，任務難度愈大，動機強度愈是要低一些才合適。

(8)問題表徵

表徵是問題解決的一個中心環節，它說明問題在頭腦裡是如何表現的。問題的表徵反映對問題的理解程度，它涉及到在問題情境中如何抽取有關資訊，包括目標是什麼？目標與當前狀態的關係？

可能運用的運算有哪些等等。問題表徵不同，就會產生不同的解決方案，它直接影響問題的解決。

4、問題解決的步驟

有時，我們不能解決問題或不能很好地解決問題是由於思路不清晰，亦即思維混亂。那麼，什麼樣才算是思路清晰呢？心理學家R.J.斯特伯格提出問題解決的七個步驟就是思路清晰的經典模式：

第一步：問題識別。問題識別是問題解決過程中最難的一步。這種困難有時表現為錯誤地識別問題的目標，有時表現為實現目標存在某種障礙，有時表現為問題解決時心不在焉。問題識別的最好的方法是將問題寫在紙上，並標出要解決的問題。

第二步：定義問題和表徵問題。一旦問題被識別以後，就需要定義問題和表徵問題。這是解決問題的關鍵步驟，因為不正確的定義和表徵問題將會造成解決問題上的麻煩。定義問題和表徵問題的根本就是限定問題。

第三步：形成策略。在有效地定義問題之後，下一步需要計劃問題解決的策略。問題解決的策略包括分析策略、綜合策略、發散策略、聚合策略。其中分析策略是將整個問題分解為各個部分；綜合策略是將問題是將問題的各要素整合起來；發散策略是從不同的角度想出解決問題的方法；聚合策略是將問題解決的多種可能性集中在一點上，找出最佳的解決方法。

第四步：組織資訊。一旦確定了問題解決的策略後，就應著手組織可利用的相關資訊，以使問題解決的策略發揮作用。當然，組織相關資訊的過程不可能一次完成，需要多次組織以形成最適合於問題解決策略的表徵。

第五步：分配資源。在問題解決過程中，每個人經常面臨的問題是資源不足。這主要表現在時間、經費、裝備、空間等方面。有

些問題解決需要大量的時間和經費；有些問題的解決需要很大的空間和裝備。因此，必須明確資源如何分配才有利於問題解決。通常的做法是用一張紙，寫出自己已有的資源，並計劃如何分配。

第六步：監控問題解決過程。在問題解決過程中，有效的問題解決者不僅在解決問題後進行反思，而且更重要的是監控自己解決問題的每一步，以確保最快、最有效地達到問題的目標。如果一個人不能在問題解決開始時就監控的話，可能開始解決問題時就已經錯了而沒有及時發現，最後導致更大的損失。

第七步：評估問題解決。就象問題解決需要監控一樣，也需要對問題進行評估。透過評估，新問題才會識別，重新定義，選擇新的解決策略，分配認知資源。評估既可能標誌著問題解決的結束，也可能標誌著問題解決的開始。

自學能力，讓你受益終身

曾有學者說過：「如果我們將學過的東西忘得一乾二淨時，最後剩下來的東西就是教育的本質了。」所謂「剩下來的東西」，就是自學的能力，也就是舉一反三或無師自通的能力。

微軟公司曾做過一個統計：在每一名微軟員工所掌握的知識內容裡，只有大約10%是員工在過去的學習和工作中累積得到的，其他知識都是在加入微軟後重新學習的。這一資料充分表明，一個缺乏自學能力的人是難以在微軟這樣的現代企業中立足的。

自學能力是指按照自己的意願、依靠自己的力量主動去獲取知識的能力。包括：閱讀學術著作和科技期刊的能力，檢索資料庫的能力以及在因特網上查閱資訊的能力，熟練的使用多種工具書的能力，查找文獻資料的能力，以及靈活的運用所學解決實際問題的能

力等等。

　　首先，閱讀理解能力是自學能力的最基礎的技能。閱讀要有選擇性。要能夠敏銳的感覺到什麼樣的知識是你需要的。哪些是需要記憶的，就要記住，如果不能全部記憶，就要學會存檔，以免將來找不到它。閱讀要有鑑別性。新閱讀的知識和原來的知識之間的聯繫要搞清楚。並且能夠有效地區分他們。閱讀要有系統性。要在閱讀過程中形成自己的知識結構，要能夠融匯貫通，形成專業知識網路。

　　其次，檢索能力是在相當熟練的閱讀能力之上的能力。

　　大學生應該充分利用圖書館和網際網路，培養獨立學習和研究的本領。當我們在一門課上發現了自己感興趣的東西，就應該積極去圖書館查閱相關資料，瞭解這個課題的來龍去脈和目前的研究現狀。網際網路也是一個巨大的資源庫，大學生們可以藉助搜索引擎在網上查找各類資訊。除了搜索引擎之外，網上還有很多的網站和社羣也是很好的學習園地。

　　再次，實踐能力是自學能力最終轉化為真正價值的根本。

　　大學生不能做一個書呆子，應該積極地參加實踐活動。實踐出真知。實踐在獲取知識，培養能力方面具有不可替代的作用。要在各種豐富多彩的課外實踐活動中鍛鍊自己，培養能力。

　　對於自學能力的培養，我們提出以下的建議：

　　要有自主意識。自學能力的培養前提是自己要學，如果自己不要學，一切都無從說起。要強烈地意識到只有自己才是自己的主人。如果還是像高中時候那樣，希望能被老師牽著走，認為完成了老師的課業要求就OK的態度，不可能培養起自學能力。

　　要勤奮、有毅力。自學能力只有在自學過程中才能培養起來，要有量的累積，才能發生質的變化。只有勤奮努力才能使自學能力

得到很好的發展。勤奮之所以能成為能力特別是自學能力發展的重要因素，是因為它能夠影響一個人從事活動的廣度和濃度。必須經過堅持不懈地自學，使自學能力得到充分發揮。另外，自學過程中難免要遇到種種困難，要使自學堅持下去，必須要有堅強的意志。對一切意志堅強的人來說，總可以衝破逆境，克服各種不利條件和艱難險阻，在成功中發展自己的自學能力。

要善於總結。在自學的過程中，光是埋頭苦幹還不行，還要不斷地思索，分析，調整自己的學習方法，摸索出最適合自己的自學途徑。同時，自學與課題學習並不對立，大學生應該利用自己的有利條件，把這二者有機的結合起來，有效地互補。

不喜歡自己的專業怎麼辦？

很多的大學新生在面對自己的專業的時候，總是怨聲四起。

「我填志願的時候，全是父母做的主，他們說這個專業的前景好，問我如何，我說：『你們說好就好。』進了學校才知道，我並不喜歡這個專業。」

「我的志願倒是自己選擇的，但是那時候根本就不懂，覺得名稱挺新鮮的，就報了它，誰知道我既不喜歡，也不擅長。」

「當時我一心想上國立大學，專業問題壓根就沒有考慮，家長與老師也是這麼鼓勵我，進了學校才知道，專業才是最重要的。唉，現在是沒有辦法了。」

「我就別提了，是調劑過來的！」

……

從職業生涯發展的理論上看，一個人上大學所選擇的專業應當與自己的興趣，愛好、能力傾向相協調，這樣學習起來才有興趣、有動力、有助於將來的職業發展。然而，諸如以上種種的客觀或主

觀的原因，有些同學對所學的專業不喜歡，不適應。面對這個問題，我們究竟應該如何去面對呢？

很多人首先想到的是轉專業，這確實是方法之一。但是我們建議把這個方法定位為下策，因為轉專業也不是隨心所欲的，並且需要一筆不菲的補習費。所以打這個主意之前，先問自己五個問題：

第一，自己對所選的專業瞭解多少？

對於有些人來說，並非專業真的不適合自己。而是當他們一看到現在的專業不是自己所喜歡的，就在情感上產生了厭煩、排斥、恐懼心理，干擾了他們對專業的全面瞭解和認識，對學習產生消極情緒。他們往往終日煩惱，無心學習，最終導致成績不理想，而成績不理想又被他們認為是由於專業不適合。如此往復，形成惡性迴圈，致使專業適應更加困難。所以，即使你對自己的專業不感興趣，也要對它有一個深入的瞭解，瀏覽一下本專業所涉及的入門書籍，也許你對本專業有了更深入的瞭解之後，會漸漸的喜歡上它，如果你了解了之後還是不喜歡，那麼換了專業也不會後悔。

第二，對自己所謂的喜歡的專業瞭解多少？

大二的學生小王，向心理老師說：兩年了，他仍然不喜歡自己專業，想學另一門專業，問老師有什麼好的意見。心理老師反問他對他想轉的專業瞭解多少？是否知道這個專業的核心課程？看過相關教材的、哪怕是前言嗎？他只是一味地搖頭，在那一刻，他才發現自己對所喜歡的專業只是一種朦朧的認識，沒有深入瞭解。

像小王這樣的情況在大學校園裡為數不少，他們現在覺得這個專業不適合自己，但真的換了專業，又會有新的後悔，因為他們根本就不瞭解所謂自己所喜歡的專業。正如俗話所說「這山看到那山高，不知那山有柴燒」。其實，每一次放棄性的選擇都是一種變相的逃避。你現在覺得你的專業不適合你，是因為你還不搞懂你的專

業到底是什麼東西，當你真的明白你的專業時，你也許就會喜歡上它。

第三，專業真的決定了你的一生？

上大學確立了未來發展方向，但是專業選擇並非只有一次，一次選擇不合適，也不見得會導致職業和人生的失敗。專業和我們將來要從事的職業是兩個不同的概念。從職業發展的角度來看，一個人的職業發展並不是由一次專業選擇而決定的。隨著個人主客觀條件的變化，每個人可以擁有多次選擇的機會。許多成功人士後來所從事的職業，很多都不是當初自己所選定的專業。他們的成功並不在於專業選擇，而是在於他們學到了各類職業發展所必備的素質和能力，善於活用所學的有關知識。

第四，不感興趣就一定學不好專業？

首先要說的是，在人的一生之中所做的事情，大約只有20%是自己感興趣的，另外80%是雖不願意做但又不得不做的。所以，我們要建立起一個觀念：我們不是想幹什麼就幹什麼，在更多的情況下，是出於一種責任、一種義務去從事我們的工作。生中有很多的事情，我們無法選擇，必須去面對，必須去做好。當然我們也可以在工作中漸漸地尋求樂趣。

再則，所謂「專業」分類並沒那麼嚴格、絕對。也不意味著一個人只能適合某一專業，其他專業就統統不適合。對某一專業開始不喜歡，並不意味著永遠不喜歡，沒有能力把它學好。

最後，專業興趣不是不可以培養的。興趣與先天傾向有關，但更多的是源於後天的培養，專業興趣更是如此。

一位叫石緣的網友在《上了大學，我不喜歡自己的專業》這篇文章中寫出了自己面對不喜歡的專業時的心理歷程：

我是一名歷史系的學生。無論我走到哪裡，都會自豪地向別人

介紹我的專業。可以前我不是這樣想的，很長一段時間我都在痛苦和無奈中徘徊，憂鬱、焦慮、苦悶、悔恨......甚至還產生過退學的念頭。

我那年是以第二志願進入師範院校歷史系的，上這個專業不是我的初衷，我是被調劑到這裡的。我所在的中學是明星高中，大學過後，我毫不猶豫報了某大學外語系。一來是我喜歡外語，二來是台北這個城市吸引了我。接下來是漫長的等待，周圍的同學都陸續接到了通知書：師大、政大、......而我是默默地收起通知書後一個人走出校園的。××師院歷史系，一個我既不熟悉也沒興趣的地方。回到家，我大哭了一場，痛恨自己當初為什麼不再加把勁兒多考些分數，命運又為什麼這麼不公平。

儘管心有不甘，但我也沒有選擇重考，因為我受不了大學的壓力和別人的言論。從那時起，我討厭別人打聽我的成績、志願和專業。不論他們是出於什麼目的，我一概拒絕回答。我的同學大都選擇了金融、法律、國企、英語等熱門系所，而且很多都在國立大學，我是多麼羨慕啊！而我偏偏學了個冷門系，大家都在替我擔憂：將來怎麼找工作？有什麼出路？

報到那天，校園裡人山人海，除了擁擠之外，我沒有感覺到什麼特別的東西。接下來的生活平平淡淡：教室、宿舍、餐廳、圖書館成了我的的流程圖。漸漸地，一種煩悶的情緒生長起來。我常常問自己，這就是我高中三年拚命尋找的夢嗎？我的專業到底有什麼吸引人的地方？為什麼我與高中同學的話題總是相差太遠？

我正獨自在困惑中迷失，期中考試又給了我當頭一棒。我有兩科成績沒及格，其餘幾門也不理想。拿到成績的那一刻，我愣住了，這還是那個一貫努力學習、考試遊刃有餘的我嗎？怎麼會是這個結果？

考試過後，我參加了一次高中同學聚會。大家高談闊論，交流

大學生活的點滴，交流學習上的快樂，當然還包括自己的專業......我幾次試圖轉換話題，可毫無作用。我坐在一旁聽著、想著，一種莫名的自卑感籠罩了我的全身，那是沮喪、失落、空虛......我找了個藉口，退出了那場讓我難堪的聚會。

我以前是一個挺豪爽的人，卻變得敏感起來，生活中稍不如意的小事都會讓我煩惱。我變得衝動、易怒、脾氣暴躁，十分脆弱。許多夜晚，我常一個人默默流淚，不知道該向誰傾訴，也不知道下面的路該如何走。我甚至有了退學的念頭......

在我最孤獨最無助的時候，我偶然地得到了一份關於本校心理諮詢中心的資料。懷著試試看的心情，我走進了諮詢中心。也正是那一刻，我的內心被照亮了！面對諮詢老師，我一股腦兒地把壓在心底許久的話全說了出來，邊說邊啜泣，我好久沒這麼釋放過了！也好久沒這麼痛快地哭過了！老師只是靜靜地聽，並沒有打斷我。我清楚地記得，我整整用了一盒紙巾！

在仔細地分析了我的經歷之後，她告訴我這是由於對新環境的不適應而引起的心理問題，我對自己的專業充滿懷疑、畏懼心理，不敢靠近它，似乎從此就進入地獄深淵了，而這些煩惱更增加了不適應的痛苦。經過她的分析，我似乎找到了什麼，卻又沒把握。

我開始試著去接近自己的專業。從諮詢老師那裡，我瞭解到歷史系是本校最好的系。師資力量雄厚、學術氛圍濃郁。我找到幾位任課老師，向他們請教方法，並嘗試運用到學習中去。在這期間，我還查閱了大量書籍，有關於歷史的、也有關於心理健康的。我發現平時不苟言笑的老師其實很願意與學生聊天，他們當中有很多人最初的志願也不是歷史，但在不斷的學習中卻對歷史產生了興趣，並決定把一生的精力奉獻給它。

「歷史是一面鏡子，只有不斷地擦拭，才能看到最真的事物。」這是我最喜歡的一句話，這些老師不也在不斷地努力實現他

們的夢嗎！

同時，我也開始向親密好友訴說自己的感受。好友告訴我前惠普電腦總裁卡利·菲利娜女士大學時獲得的就是歷史學學位———其實很多成功人士都修過歷史專業，我逐漸意識到，學歷史的人也可以取得成功！

後來，我和同學合作搜集了古代武器史的資料，寫出了幾篇文章，得到了老師的好評。我的外語比較好，在學「中古史」時我讀了一些原文史料，對照中文譯文，找出了幾處翻譯上的錯誤......我第一次發現，外語和歷史結合起來會發揮這麼大的作用！經過幾次心理諮詢，我找到了自己的位置，心情也逐漸好起來。在學習的同時，我還擔任了系主辦刊物的主編，時常幫助學生會的同學策劃海報文宣。現在，我的生活十分充實，每天忙碌並快樂著。

由此可見，興趣是可以後天培養的，並且興趣並不是專業學習的全部動力。

第五，專業到底有多重要？

專業很重要，但是不是大學生活的全部，大學提供的不只是專業知識，否則就成為職業技術訓練基地了。專業也不是以後走入社會的指揮棒，生活中，一大部分人不從事自己的專業。人生最需要的是適應社會的能力，發揮能力的能力還有與人交往的能力，與你的專業恐怕關係都不是很大！可能你現在喜歡這個專業也保證不了永遠喜歡或者一定容易成功。你現在所學的東西其實並非你以後所從事的職業，如果以上的問題你都作了深入的思考，理性的分析之後，決定要轉專業的話，我們相信這個時候你的思考肯定是成熟的，並且對自己的生活有所規劃。對於轉專業，我們還有幾點建議：

開學前複習數學和英語，準備好參加大學的新生入學選拔考

試。有不少學校辦有高層次班或XX學院，把本年度入學的精英組織在一起上基礎課（一年或二年），然後可以任選專業，分配到各學院各專業。

如果你的學校沒有第一項所說的辦學計劃或者你考試失誤，那麼你可以在大一這一年裡，瘋狂地拚搏一下，拿出大學的幹勁（甚至比大學還要努力），使大一各門功課成績優秀（學到年級的前10%），那麼你有機會申請轉專業。

如果你沒有這個能力，還有一個機會。那是在大二一開學，你可以選修雙學位。但你可要想好了，雙學位的課程會佔據你大部分休息玩樂的時間，你得辛苦好幾年。

如果以上三個機會你都沒有把握住，那你就只能在考研究所時是報考你喜歡的專業方向。

專欄

A

約翰獨自一人前往非洲沙漠旅行，在浩瀚的沙漠中他迷路了。只帶有少量淡水和食物的他，既要承受灼人的熱浪、難捱的飢渴，又要提防隨時來襲的野獸，還要抗拒不斷滋長的恐懼與絕望。在堅持與放棄之間，他選擇了前者。

五天後，筋疲力盡的約翰奇蹟般的走出了沙漠。朋友們驚奇地問他是如何走出沙漠的，約翰說：「在那樣的困境中，我唯一能做的就是把一隻腳放到另一隻腳的前面。」

B

野兔是一種十分狡猾的動物，缺乏經驗的獵手很難捕獲到它們。但是一到下雪天，野兔的末日就到了。因為野兔從來不敢走沒有自己腳印的路，當它從窩中出來覓食時，它總是小心翼翼的，一

有風吹草動就會逃之夭夭。但走過一段路後，如果是安全的，它返回時也會按照原路。獵人就是根據野兔的這一特性，只要找到野兔在雪地上留下的腳印，然後做一個機關，第二天早上就可以去收獲獵物了。

野兔的致命缺點就是太相信自己走過的路了。

C

有個修習律法的和尚問慧海禪師：「和尚您修道用功嗎？」慧海禪師答道：「用功。」律師問：「怎樣用功呢？」慧海說：「餓了就吃飯，困了就睡覺。」律師說：「所有的人都是這樣的，他們也在用功嗎？」禪師說：「不同的。」「為何不同呢？」慧海解釋道：「有些人該吃飯的時候不好好吃飯，該睡覺的時候不好好睡覺，千方百計地索討搜求。所以是不同的。」

第四章 人情練達，社會人要有社會技能

人情練達即文章

為人真誠、正直，僅可無愧於心；加之智慧、策略、技巧、權變，方能廣結四方「人脈」，應對三教九流。

缺乏技術含量的人際交往註定不能得到最佳效果。

人際關係的基石是什麼？「誠」。這一點，幾乎沒人提出異議。中華民族把這一理念推崇到了極致。「良藥苦口利於病，忠言逆耳利於行」。稍有文化的中國人對這句名言都不陌生，更少有人懷疑它的哲理性與正確性。可是，在我們的文化圈以外的老外們聽到這句話後卻有大惑不解之感。他們困惑地發問：「良藥幹嘛非得苦口，又是良藥，又有糖衣裹著豈不更好？忠言何必逆耳？既是忠言，又讓人聽得很舒服，不是兩全其美嗎？」順著這條思路推演下去，我們要說的是：人際關係既需要真誠，也需要技術；只講真誠，不講技術，有時會把事情弄得很糟，至少是不能使問題得到很好、很快地解決。

其實，我們的古人就有了類似的觀點與做法。

《紅樓夢》第五回「遊幻境指迷十二釵，飲仙醪曲演紅樓夢」中有這樣一段描述：

寶玉與賈母、邢、王二夫人等到寧府賞花，忽感倦怠，乖巧妥當的秦氏可卿即引她這個「欲睡中覺」的小叔叔到「給寶叔收拾下的屋子」裡去，及至，抬頭一看，牆上一幅《燃藜圖》，又有一幅

對聯，寫的是：「世事洞明皆學問，人情練達即文章」。

賈寶玉看到這幅對聯很不喜歡，叫著嚷著要換地方睡覺。

賈寶玉雖不喜歡，但從我們的專業角度來看，對這幅對聯卻評價甚高。它深刻揭示了人與人相處需要掌握一定的策略與技術。做人應該真誠、正直、忠義，這沒有疑問。但人畢竟是一個半理性半感性的動物，有時，僅僅是真誠而沒有必要的策略和技巧，往往會使人討厭，就像過度的熱情會讓人受不了一樣。所以，在與人相處的過程中要有智慧、有勇氣、有策略、有技巧，做事要學會權變，所謂「軟過關口硬過河」就是這個意思。應根據環境的需要隨時改變與他人接觸、交流的方式與方法。

如果一個小屁孩非常有必要告訴他的女朋友，他們班上有個女同學長得漂亮極了，他該如何表述呢？一種方式是：

「我們班有個女同學，長得漂亮極了，真是人見人愛。」

他的女朋友臉色有點不好看了。

「你不高興幹嘛？她真的長得好看！不信我帶你去看。」

他的女朋友臉色更加難看了。

另一種方式是：

「我們班有個女同學，大家都說她長得漂亮極了，但在我看來，還是不如你漂亮。」

「你這個騙子，」他女朋友嬌嗔道。

是的，確實是騙了她，說的是假話，他女朋友也深知這一點，但被騙得舒服，被騙得開心。而他該要表述的意思也準確無誤地傳遞給他的女朋友了。這有什麼不好呢？

我們的古人也有這麼做的成功案例。聽說過觸龍言說趙太后的

故事嗎？

　　趙太后新用事，秦急攻之。趙氏求救於齊，齊曰：「必以長安君為質，兵乃出。」太后不肯，大臣強諫。太后明謂左右：「有復言令長安君為質者，老婦必唾其面！」

　　左師觸龍言願見太后，太后盛氣而胥之。入而徐趨，至而自謝，曰：「老臣病足，曾不能疾走，不得見久矣。竊自恕，而恐太后玉體之有所郄也，故願望見太后。」太后曰：「老婦恃輦而行。」曰：「已食飲得無衰乎？」曰：「恃粥耳。」曰：「老臣今者殊不欲食，乃自強步，日三四里，少益耆食，和於身也。」太后曰：「老婦不能。」太后之色少解。

　　左師公曰：「老臣賤息舒棋，最少，不肖。而臣衰，竊愛憐之，願令得補黑衣之數，以衛王宮。沒死以聞」太后曰：「敬諾。年幾何矣？」對曰：「十五歲矣。雖少，願及未填溝壑而託之。」太后曰：「丈夫亦愛憐其少子乎？」對曰：「甚於婦人。」太后笑曰：「婦人異甚！」對曰：「老臣竊以為媼之愛燕后，賢於長安君。」曰：「君過矣！不若長安君之甚。」左師公曰：「父母之愛子，則為之計深遠。媼之送燕后也，持其踵為之泣，念悲其遠也，亦哀之矣！已行，非弗思也，祭祀必祝之，祝曰：『必勿使反。』豈非計久長有子孫相繼為王也哉？」太后曰：「然。」左師公曰：「今三世以前，至於趙之為趙，趙主之子孫侯者，其繼有在者乎？」曰：「無有。」曰：「微獨趙，諸侯有在者乎？」曰：「老婦不聞也。」「此其近者禍及身，遠者及其子孫。豈人主之子孫則必不善哉？位尊而無功，奉厚而無勞，而挾重器多也。今媼尊長安君之位，而封之以膏腴之地，多予之重器，而不及今令有功於國。一旦山陵崩，長安君何以自託於趙？老臣以媼為長安君計短也，故以為其愛不若燕后。」太后曰：「諾！恣君之所使之。」於是為長安君約車百乘質於齊。齊兵乃出。

你看，觸龍的勸說過程多麼富於技術含量！見面先說些閒話，讓太后的情緒緩解下來，然後說自己是多麼愛孩子，形成「自己人效應」，再引經據典，曉之以理，最後再單刀直入，言明讓長安君到齊國做人質的重要性與必要性，得到的結果是趙太后欣然同意。歷史上也有不少「忠臣」，為進忠言不惜惹得龍顏大怒，最後自己的腦袋也掉了，忠言也沒有得到採納，雖被後人讚為忠烈，但對社會對自己又有什麼實際意義呢？

總之，要想搞好人際關係，需要真誠，不真誠必為他人所唾棄；也需要技術，沒有技術或不講技術，也將行之不遠，招致種種誤解與誤會。

你是變色龍嗎？

變色龍可不是個好聽的字眼。被稱之為變色龍的人，通常是狡猾者的代名詞。然而，這種理解並不全面、公允，在社會生活中，我們真的需要不斷的變化，惟此才能營構良好的生存空間。

社會是一個大舞臺，每個人都在其中扮演一定的角色。社會為每個角色規定了相應的行為規範。這些規範雖然沒有寫在紙上、貼在牆上，但誰要是違反了這些規範，必將受到懲罰。每個人有一個基本的角色，通常是以職業為標誌，如：教師、工人、公務員等。但基本的角色不是固定的角色，人們除了扮演好基本角色之外，還需不斷地變換角色。這才不會違反角色規範；這才能獲得社會的認可。比如說，你是位教師，但僅限於在課堂上，在學校中你是教師。出了學校門，你就是行人；走進商店，你就是消費者；到了家中，見到老子你是兒子，見到兒子你是老子。想像一下，如果你以同一種角色行為規範去面對所有的人，會導致什麼樣的結果呢？在你作為消費者的時候，卻以教師的身分對待營業員，這合適嗎？以

對待兒子的態度對待老子，這自然會受到社會輿論的譴責；但以對待老子的態度對待兒子會受到讚揚嗎？隨著在生活中角色的不斷轉換，人們只有在進入新角色的那一刻就按新角色的行為規範行事，才是唯一正確的選擇。

有這樣一個故事：

英國女王維多利亞，與其丈夫阿爾伯特相親相愛，感情和睦。妻子是一國之君，忙於公務，而丈夫卻不太關心政治，對社交缺乏興趣。有一天深夜，女王辦完公事，回到臥室，見房門緊閉，便敲起門來。問：「誰？」

答：「我是女王。」門未開，再敲。

問：「誰？」

答：「維多利亞。」門未開，再敲。

問：「誰？」

答：「你的妻子。」門開了，維多利亞走了進去。

即使是女王，回到家裡，場合一變，生活角色也變了。她在宮廷上，在王公貴族面前是女王；但在家裡，在阿爾伯特面前只是她的妻子。因而最後的與之相應的回答，才為丈夫所接納。

類似的事例還有許多許多。

如果你是婚禮上的伴娘，你就不能打扮得花枝招展，奪人目光，因為你今天是配角，沒有你不行，但你引人注目了就不好。

如果你是個當官的，在同學聚會的時候，要特別注意別官腔十足，彼此之間的稱呼也不能張院長，李部長，直呼其名，說真話、憶往事可能是一種最好的選擇。因為這時你的角色是同學，其他任何角色，那怕是平時慣常扮演的角色，都得擱之一邊，否則，你可能遭到同學群體的「唾棄」。

雅典奧運會結束後，大陸CCTV辦了奧運冠軍與文藝界明星的聯袂出場的晚會。那些明星們10個中8個沒有把握好自己的角色。他們沒有意識到，昨天與明天，你可能是臺上的主角，而今天，你是陪襯人。你唱得是好，演得是好，但全聽你唱，全看你演，要那些奧運冠軍幹嘛？你知道今天的主題是什麼嗎？結果是，他們表演得愈是賣力，觀眾就愈是噁心與反感。

在一個特定的時間、在一個特定的場合、在面臨特定的對象之時，要問一下自己：「現在我是誰？」一定要把握自己的角色。自己該做的不去做，不對；不該做的去做了，也不對。該說的不去說，不對；不該說的說了，也不對。甚至於你的服飾打扮、舉止動作，都要符合你的身分、角色。有些人常哀嘆自己「吃力不討好」。在他們自己身上找原因的話，多為沒有把握好自己的角色。

生活中角色扮演也是一門藝術，是否把握得好，的確影響到你的生活質量。在不同的時間、地點、條件下，把自己的角色把握得恰到好處，你就會感到做起事來很順，與周邊的人際關係也很協調，你會有一個好的心情。

學會說話

人際交往過程是一個心理溝通的過程，也是資訊交流的過程。它是指人們在共同的活動中，彼此交流各種思想、資訊、感情、情緒、愛好、興趣等等。人與人之間的資訊交流的主要是藉助於語言進行的，語言是交流思想的工具，是用來表達思想的符號系統。由於人的語言修養不同，表達能力不同，對同一種思想，觀念，事物，有人表達很清楚，有人則辭不達意；有人說得人很舒服；有人則讓聽者惱羞成怒。因此，學會說話是一門重要的，不能不及格的社會技能課。

是否嫻熟地掌握語言藝術對人際關係有重大的影響。有這樣一段相聲，雖然經過了極大的藝術誇張，仍然發人深省。

某君請4位朋友到家裡吃飯，到了約定的時間，還有一位朋友未到。此君著急了，劈頭來了一句，「該來的不來。」有個朋友多心了，大約我就是那個不該來的人吧，於是拔腿就走。主人見走了一人，更為著急，又來了一句「不該走的走了。」另一位朋友又難受了，不該走的走了，恐怕我就是那該走而不走的吧。一氣之下，也走掉了。剩下的一位朋友頗有雅量，他勸主人，你這麼說很不合適。誰知主人又冷冷地來了一句「我又不是說的他們。」最後的這位朋友也被氣跑了。

一笑之餘，我們想到什麼呢？我們想到，同一種意思，由不同的方式表達，會收到迥然不同的效果。上例中，不可否認這位主人的一片誠意，但他的表達方式卻得到相反的結果。由此得出一個結論，語言的運用是否得當，是影響人際交往質量的最重要因素之一。1940年代，美國人將「口才、金錢、原子彈」列為世界上生存和發展的三大法寶。到了60年代，又將「口才、金錢、電腦」看成最具力量的三大武器。口才——即如何說話，一直獨佔鰲頭。

歷史上也有很多巧妙的運用說話藝術的故事，例如：.除上面提及的觸龍言說趙太后外；宮之奇諫假道；鄒忌諷齊王納諫；晏子使楚；魯仲連義不帝秦，都是說話藝術的經典案例。

說話的藝術不勝列舉，以下幾點是基本要求：

第一，語言要與自己的角色身分相吻合。

作為大學生，語言要與自己的角色身分相吻合。要使用文明優雅的語言。下述現象，乃語言交談中的大忌：

（1）粗話

有人為了顯示自己為人粗獷，出言必粗。把爸媽叫「老頭兒」、「老太太」，把女孩子叫「小妞」，把名人叫「大咖」，把吃飯叫「搞一頓」。至少說，在較正式的場合講這種粗話，是很不得體的。

　　（2）髒話

　　講髒話，既口帶髒字，講起話來大剌剌的，出口成「髒」。講髒話的人，非但不文明，而且自我貶低，十分低級無聊。

　　（3）黑話

　　黑話，既流行於黑社會的行話。講黑話的人，往往自以為見過世面，可以此唬人，實際上卻顯得江湖味十足，令人反感厭惡，難以與他人進行真正的溝通和交流。

　　（4）葷話

　　葷話，即說話者時刻把豔事、緋聞、色情、男女關係之事掛在口頭，說話「帶色」、「販黃」。愛說葷話者，只不過證明自己品位不高，而且對交談對象不夠尊重。

　　（5）怪話

　　有些人說起話來，怪裡怪氣，或譏諷嘲弄，或怨天憂人，或黑白顛倒，或聳人聽聞，成心要以自己的談吐之「怪」而令人刮目相看，一鳴驚人。這就是所謂說怪話。愛講怪話的人，難以令人產生好感。

　　（6）氣話

　　氣話，即說明時鬧意氣，洩私憤，圖報復，大發牢騷，指桑罵槐。在交談中說氣話，不僅無助於溝通，而且還容易傷害人、得罪人。

　　第二，要有一定的技巧性。

在說話時應該注意一些細節，有一定的技巧性，這樣能提高人際交往的質量：

（1）讓先。讓別人先說，一方面可以表現你的謙虛，另一方面可以藉此機會來觀察對方，給自己一個測度的時間和從容考慮的餘地。

（2）避諱。不論與什麼人交談，都應對對方有所瞭解，聰明地避開某些對方忌諱的話題，如個人的隱私、疾病及不願提及的事情，否則會引起對方不快。要學會察顏觀色，一旦發現自己不小心觸及了對方的忌諱，對方面有不快之色或狀極尷尬時，應立即巧妙避開。

（3）謙虛。社會心理學家發現，一般人總不喜歡嘴上老掛著「我」的人。因此，應避免過於顯露自己的才學，開口便「我如何如何」。須知，謙虛的態度，總是易為人所接受的。在一般情況下，人們總是先接受一個人，而後才肯接受他的意見的。

（4）誠懇。交談的態度以誠懇為宜。油腔滑調，縱然有很好的意見，也難以為人們所接受。

（5）幽默。恰到好處的幽默，能使人在忍俊不禁之中，體會到深刻的哲理。幽默運用適當，可為社交增添活躍愉快氣氛。但妙趣橫生的談話，來源於一個人修養和才華的有機結合，不可強求。如果僅僅為了追求風趣的結果，而講些格調不高的笑話，甚至不惜侮辱他人，則只能顯出自己的輕薄與無聊。

（6）口頭禪。口頭禪固然能體現個性，但多數是語言的累贅，即使內容相當吸引人，但如果加上若干個「這個」「那個」「嗯」「啊」之類的口頭禪，就如同在煮熟的白米飯中摻上一把沙子一樣，令人難以下嚥。所以，對作為語言累贅的口頭禪，應當割除。

（7）插話。要儘量讓對方把話說完再插話。實在需要中途插話時，也應徵得對方同意，用商量的口氣說：「對不起，我提個問題可以嗎」或「我插句話好嗎」這樣可避免對方產生誤解。

（8）平衡。如果幾個人一起交談，你要注意不要只把注意力集中到某一個人身上而冷落了其他人。除了你的對話者外，可用目光偶爾光顧一下其他的人。對於沉默者則應設法使他開口，如問他「你對這事有什麼看法？」這樣便可打破沉默，機智地引出他的話來。

第三，要清晰地表達自己的觀點。

與人交流時，要清晰並準確地表達自己觀點，讓對方瞭解你的需求、價值觀或對某件事、某個現象的見解。這有利於保護你的利益，也有利於別人與你交流。說話含混不清，讓人不可捉摸，與人與己都不利。

第四，要有打動人心的感染力。

（1）學會溫和

不管發生什麼爭論，都不需要大聲說話，不需要用煩躁的情緒和不耐煩的語氣，這只會使情況更加惡劣。在平時的談話中，應該習慣用溫和友好的語氣說話，這樣比較容易為別人接受，也能使自己保持氣定神閒的平和狀態。

（2）有幽默感

說一些讓大家開懷大笑的話，可以使氣氛更放鬆，也使大家更容易接受彼此，這比搜腸刮肚地找話題來說要好的多。有很多時候，我們並不需要用一副很嚴肅的樣子交談才能獲得對彼此的瞭解和好感，把談話變得有趣，你會得到會比你的期望更多。

（3）控制情緒

如果你很憤怒，也不要說一些意氣用事的話，這會使你變得愚蠢和沒有修養，更會使你深陷在不愉快的情緒裡。面對那些讓你生氣的人，平和而堅定地說話，用正面的不帶攻擊性的方式表達你的不滿。這種方式既宣洩了你的情緒，又不會把情緒惡化，而且還顯得比對方強大。

（4）以對方為中心

不要總是說「我」，而應該站在對方的角度，考慮到對方的感受，說到對方的心坎上。

一位派駐美國的外交官，在臨行酒宴上說的一段話，真是妙極了！他說：「大家都知道，如果沒有過人之才，不可能在號稱『外交戰場』的紐約擔任外交工作，而且一做就是十年。而我，沒有什麼過人之才，憑什麼能一做就是十幾年？這道理很簡單，因為我靠了你們這群朋友！」

學會傾聽

人們總是認為交際場上能說會道者才能長袖善舞，其實，善於傾聽的人常常會有意想不到的收穫。蒲松齡因為虛心聽取路人的述說，得到了《聊齋》的原型；唐太宗因為兼聽而成千古一帝；齊桓公因為細聽而善任管仲，劉玄德因為恭聽而鼎足天下。下面這個寓言故事也說明了學會傾聽的重要性：

很久以前，有一個蒙古的部落使者到中國來，進貢了三個一模一樣的金人，金壁輝煌，把皇帝高興壞了。可是這部落大使不厚道，同時出一道題目給皇帝：這三個金人哪個最有價值？

皇帝想了許多的辦法，請來全國最好的珠寶匠檢查那個金色小人，稱重量，看做工，所有測量辦法的結果都是一模一樣的。怎麼

辦？使者還等著回去彙報呢。泱泱大國，不會連這個小事都不懂吧？

最後，有一位退休的老臣說他有辦法。皇帝將使者請到大殿，老臣胸有成足地拿著三根稻草分別插入三個金人的耳朵眼……

插入第一個金人的耳朵裡，稻草從另一邊耳朵出來了。第二個金人的稻草從嘴巴裡直接掉出來，而第三個金人，稻草進去後掉進了肚子，什麼響動也沒有。老臣說：第三個金人最有價值！使者默默無語，答案正確。

最有價值的人，不一定是最能說的人。老天給我們兩隻耳朵一個嘴巴，本來就是讓我們多聽少說。善於傾聽，是成熟的人最基本的素質。

傾聽對於人際交往起到重要的作用。如果說雄辯可以得天下的話，那麼傾聽則能夠守江山。誰都知道守江山比得天下更難。人際關係失敗的原因，很多時候不在於你說錯了什麼，或是應該說什麼，而是因為你聽的太少，或者不注意傾聽所致。

比如，別人的話還沒有說完，你就搶過話語，講出些不得要領、不著邊際的話；別人的話還沒有聽清，你就迫不及待地發表自己的見解和意見；對方興致勃勃地與你說話，你卻魂不守舍、目光遊離，手上還在不斷撥弄這個那個，有誰願意與這樣的人在一起交談？有誰喜歡和這樣的人做朋友？一位心理學家曾說：「以同情和理解的心情傾聽別人的談話，我認為這是維繫人際關係，保持友誼的最有效的方法。」

傾聽，是對他人的一種恭敬、一種尊重、一份理解、一份虔誠；是對長者、友人，親人最寶貴的饋贈。我們不必抱怨自己不善言辭，只要我們認真傾聽，我們就會贏得友誼，贏得尊重。我們來看一個反面的例子：

那是一個聖誕節，一個美國男人為了和家人團聚，興沖沖從異地乘飛機回家，一路上幻想著團聚的喜悅情景。恰逢老天變臉，這架飛機在空中遭遇猛烈的暴風雨。飛機脫離航線，上下左右顛簸，隨時有墜毀的可能。空姐也臉色煞白，驚恐萬狀地吩咐乘客寫好遺囑放進一個特製的袋子。這時，機上所有的人都在祈禱。也就在這萬分危急的時刻，飛機在駕駛員的冷靜駕駛下終於平安著陸了。這個美國男人回家後異常興奮，不停地向妻子描述在飛機上遇到的險情，並且滿屋子轉者、叫著、喊著。然而，他的妻子正和孩子興致勃勃分享著節日的愉悅，對他經歷的險情沒有絲毫興趣。男人叫喊一陣子，卻發現沒有人聽他傾訴。他死裡逃生的巨大喜悅與被冷落的心情形成強烈的反差。在妻子在準備蛋糕的時候，這個美國男人卻爬到閣樓，用上吊的古老方式結束了從險情中撿回的寶貴生命。

　　這個美國男人為什麼會死呢？固然是這個男子自身脆弱，還有一個重要的原因就是他的家人不懂得「傾聽」。

　　傾聽是一種能力，更是一種態度。是尊重別人、與人合作、友善待人、虛心求解的心態的表現。我們常遇到這兩種情況：一是聽別人傾訴與自己關係不太大的內容，這需要有一定的涵養才能耐住性子聽下去；二是聽別人發表自己不贊成的意見，甚至是反對自己或是誤解自己的言談，此時的傾聽才真正表現出一個人的綜合修養。如果不等對方把話說完就急於表達，甚至聽到相反的意見就中斷他人的談話，對話將不歡而散甚至變為「吵架」，這樣的人既缺乏修養，也缺乏人際交往的技能。

　　學會傾聽不但要聚精會神，體察對方心情和感受，理解真正含義，還要將自己的關注、理解透過眼神、身體語言等及時傳達給對方，這樣能加速達到溝通的目的。

　　美國知名主持人林克萊特去訪問一位小朋友，問他：「你長大後想當什麼呀？」小朋友天真地回答：「嗯，我要當飛機機師！」

林克萊特接著問：「如果有一天，你的飛機飛到太平洋上空，所有引擎都熄火了，你會怎麼辦？」小朋友想了想：「我先告訴飛機上的人綁好安全帶，然後我繫上降落傘，先跳下去。」當現場的觀眾笑得東倒西歪時，林克萊特繼續注視著這孩子。沒想到，接著，孩子的兩行熱淚奪眶而出，於是林克萊特問他：「為什麼要這麼做？」他的回答透露出一個孩子真摯的想法：「我要去拿燃料，我還要回到天空去！我還要回去！」

主持人林克萊特與眾不同之處，在於他能夠讓孩子把話說完，並且在「現場的觀眾笑得東倒西歪時」仍保持著傾聽者應有的一份親切、一份平和、一份耐心，這讓林克萊特獲得了這名小朋友最善良、最純真、最清澈的心語。

傾聽是褒獎對方談話的一種方式，是接納對方、理解對方的具體體現。能耐心聽取別人傾訴，就等於告訴對方讚許的態度，無形之中會提高說話人的自尊心、自信心，以至心情愉快。大學裡心理老師特別受周圍人歡迎的原因也在於此，心理老師比常人更善於傾聽，學生感到自己被理解和認同，長期被壓抑的情感得到瞭解脫和釋放，從而得到安慰和滿足。順便說一句，高明的心理諮詢師可能並沒有給出什麼靈丹妙藥，但被諮詢者在接受諮詢後卻倍感輕鬆。那是運用傾聽技術使被諮詢者得到充分渲洩的緣故。

那麼如何傾聽呢？下面是專家給出的傾聽中要注意的幾個問題：

要有一定的面部表情。一個有效的傾聽者，應透過自己的身體語言表明對談話內容的興趣。肯定性的點頭，適意的表情並輔之以恰當的目光接觸，無疑顯示你正在用心傾聽。

少一些不耐煩的動作。看手機、翻報紙、玩弄鋼筆等動作，表明你很厭倦，對交談不感興趣，不予以關注。

不盛氣凌人。交叉胳膊和腿是一種封閉性的姿態，會顯得傾聽者氣勢較盛，應該透過面部表情和身體姿勢表現出開放的交流姿態，必要時上身前傾，面對對方，去掉雙方之間的阻隔物。

不可以隨意打斷。在別人尚未說完之前，儘量的不要作出反應。在別人思考時候，先不要臆測。仔細傾聽，讓別人說完，你再發表自己的看法。

不能指手畫腳的訓導。有時候，傾聽者只是想說出事情，並非尋求幫助，傾聽者應避免說「你應該……，而不應該……」，這樣會讓別人體會到某種不平等。最好用安慰性的語言與傾聽者交流。

學會利他

利他？你又在說教了。在如今這個年頭，誰不是只顧自己？或者說連自己還顧不過來呢？何言利他？

極端的利己主義的口號是「拔一毛利天下而不為！」我們不去評價他道德上是非，我們只是想問：他們幸福嗎？他們快樂嗎？他們真得得到了許多嗎？

利他並不單單是指捨棄自己的利益施惠於他人。利他和利己是一種辨證關係，利他從某種意義上說就是為了自己能更好地在群體中生活，是個體生存的一種方式，從更高層次上講也是利己。極端利己的人表面上看得到了很多，但是內心卻要承受來自內部和外部沉重的壓力。

就以朝夕相處的大學生生活中為例吧，一個極端利己的人，不願意和別人分享自己的東西，那麼別人的東西你也分享不到。如果你有三個蘋果，給了別人兩個，別人會把他們的橘子和香蕉分給你吃，那樣，你就吃到了三種水果，否則你就只吃到一種水果。如果

別人遇到事情你不伸出你的援助之手，那麼你有事情的人只能孤軍奮戰了。如果你有學習參考書不予大家一起分享，那麼你也就不可能分享到別人的參考書……

有一個很有趣的例子。

王先生是一個不苟言笑的人。平常很吝嗇給人讚美或掌聲。有一天他在家裡吃飯。他發現烤鴨只有一條腿。於是他問他太太：「為什麼這隻鴨子只有一隻腳？」他太太說：「有什麼好奇怪的，我們家的鴨子都只有一隻腳呀。」「我不信，所有鴨子都有兩隻腳，為什麼只有我們家的鴨子比較特別？」，「不信？你不會自己到池塘去看。」

於是王先生跑到池塘去看他的鴨子。由於鴨子正好在睡午覺，因此都縮著一條腿，只用一條腿站立。因此看過去，好像所有的鴨子都只有一條腿。王先生靈機一動，朝鴨子棲息的方向很用力地鼓掌。鼓掌的聲音把鴨子都驚醒了，紛紛把縮著的那隻腳放了下來。

「你看吧，它們不是又恢復兩條腿了嗎。」王先生很得意地告訴他太太。「就是啊，如果你想吃有兩隻腳的烤鴨，也請來點掌聲吧！」太太答道。

在人本主義心理學看來，奉行利他主義是一個人心理健康的一個重要標誌。馬斯洛就曾說過：「關心社會，同情與幫助別人」是人生最高境界的獲得者——自我實現者的一個重要的人格特徵。美國亞利桑那州大學心理學教授查迪斯尼說：「伸出援助之手會令人產生美好的感覺，對健康與情緒都有莫大的裨益。」中國人也有類似的說法「授人玫瑰，手有餘香」。

我們所有的人都有雙重責任：既要獨立地處理事情，又要與由共同的目的的目標集合在一起的親密團體中的「兄弟姐妹們」攜手合作。對此，塞爾葉說：「認識到這個事實之後，我們很可能相

信，在某種程度上，不僅四海之內皆兄弟，而且所有生物皆昆仲。為了避免衝突、挫折和憎恨而引起的壓力，為了達到和平與幸福，我們應該投入更多的注意力，更好地理解動機與行為的自然基礎。如果一個人學會了遵循從你的鄰居處獲取愛的原則，他就不會失望。」

有人把人的利己行為分為五個等級：

最低階，是「損人不利己」。這種人的利己總是以損人開始，以害己告終，屬「呆傻癡」。

低階，是「損人利己」。這種人以侵犯別人利益，來實現自己利益，屬「壞人」。

中級，是「不損人而利己」。這種人的利己以不傷害他人為前提，在人際關係中奉行獨立原則，屬「老實人」。

高階，是「利人又利己」。總是尋找交往關係中的利益共同點，謀求雙贏互利，屬「精明者」。

最高階，是「先利人後利己」。利己不為人所感覺，習慣為他人考慮，具有一定的犧牲精神。在利益平衡上向別人傾斜，把能為別人做點什麼看作自己的責任，從中獲得快樂與滿足。是長遠、穩定的精神與物質利益的獲得者，屬「高尚者」。

可以看出，隨著級別的提高，個人在物質利益與精神利益方面的所見也愈多，從本質上說，利他與益己，不僅不矛盾，而是呈正相關趨勢。

所以，當慈善家捐款給窮人的時候，僅僅是一方給予，另一方得到嗎？非也！他們雙方都是受益者。一方得到了物質上的幫助，另一方得到了心理上的享受，那崇高感、愉悅感，是其它享受無法替代的。

利他也不意味著只能帶來心理上的回報，沒準那一天，你能得到更大的利益回報呢。你肯定知道「狡兔三窟」的典故吧。孟嘗君的一個門客為他做了一些利他的事，結果可沒有白做，可謂低投入、高回報。

再來說兩個帶有傳奇色彩的故事。

一位少婦帶著她那可愛的孩子在街心花園中溫鞦韆。忽然，遇上了一點小小的麻煩。這時，一位男子走了過來，以舉手之勞幫了她一把，於是。他們相識了，並成了朋友。

這位男子滿腦子都是主意，只是沒有資金，無法把夢想變為現實，那位少婦原是個大富翁的太太，擁有萬貫資產，她向她的丈夫請求幫這位男子一把，丈夫欣然同意了。這位男子借到一筆資金後如困龍入大海，猛虎添雙翅，數年功夫，遂成千萬富翁。

喬治·伯特是美國著名的握道夫·愛斯特莉亞飯店的第一任總經理，他正是用關照別人的善良和真誠，換來了自己一生輝煌的回報。那時，他只是一家飯店的年輕服務生，一個暴風雨的晚上，一對老夫婦來旅館訂房，可以，旅館所有的房間都被團體包下了，而附近的旅館也都客滿了。看著老夫婦一臉無奈，喬治·伯特想到了自己的房間，他對老夫婦說：「先生、太太，在這樣的夜晚，我實在不敢想像你們離開這裡卻又投宿無門的處境，如果你們不嫌棄的話，可以在我的房間裡住上一晚，那裡雖然不是豪華套房，卻十分乾淨，我今天晚上在這加班工作。」老夫婦感到給這個服務生增添了不少麻煩，很是不好意思，但他們還是謙和有禮地接受了服務生的好意。第二天早上，他們要付給這個服務生住宿費但被他拒絕了：「我的房間是免費借給你們的，我昨天晚上在這裡已經賺取了額外的鐘點費，房間的費用本來就包含在裡面了。」老先生很感動，說；「你這樣的員工是每一個旅館老闆夢寐以求的，也許有一天，我會為你蓋一座旅館。」年輕的服務生笑了一笑，他明白老先

生的好心，但他知道這是一個笑話。

幾年後的一天，仍在那個旅館上班的喬治·伯特忽然收到了老先生的來信，請他到曼哈頓去見面，並附上了往返的機票，喬治·伯特來到曼哈頓，在第五大道和三十四街之間的豪華建築物前見到了老先生。老先生指著眼前的建築物說：「這是我專門為你建造的飯店，以前曾經說過的，你還記得嗎？」喬治·伯特吃驚極了：「你在開玩笑吧？我真糊塗了，請問這是為什麼？」老先生溫和地說：「我的名字叫威廉·渥道夫·愛斯特，這其中沒有什麼陰謀，只因為我認為，你是經營這家飯店的最佳人選。」誰能想到，這年輕的服務生對老夫婦的一次關照，卻贏得了自己一生的幸運和收穫。

現在我們可以來分析一下「利他」傻不傻了。

做一些利他的事情，有益於自身的心理平衡、靈魂淨化；

做一些利他的事情，能讓我們獲得友情與人類之愛；

做一些利他的事情，還有可能得到高額的回報，雖然我們並不指望、並不期待這些回報。但不指望、不期待並不代表它就不到來。

究竟如何培養自己的利他行為呢？我們給出一些的建議：

第一，要充滿愛心。

愛，是利他的基礎。《華嚴經》說「但願眾生得離苦，不為自己求安樂」，這種「以天下之憂為憂，以天下之樂為樂」的胸懷，就是慈悲。人世間種種的苦都是因終日計較自我得到多少利益、快樂，卻從未為別人設身處地想，由於每個人只為自己利益，自然會引發出利益的衝突，群居的社會中應能謀取雙贏的局面，若只是一味佔奪，必會引發群起而攻之，又如何能有安定祥和的生活？所以，世間真正的「愛」是利他而非利己，是無私而充滿智慧的服務，更是不求回報的佈施。

第二，養成良好生活習慣；欣賞他人成就表現。

大學裡每一個人都來自五湖四海，生活習慣各不相同，要尊重人家的生活習慣，同時每個人的聰明才智，生活背景，個性特徵也不一樣，對於別人的表現，應該從積極的一面去肯定，特別對於取得成就的同學應該真心的祝福人家。這種瞭解個別差異，尊重別人的表現，不但「利他」，相對的，獲取他人的友誼之愛，何嘗不是「利己」呢。

第三，學會移情。

這裡所說的移情可不是移情別戀喲。

在心理學中，移情是指感受他人的思想、情緒、能夠用創優的思想方法進行思考的能力。這一能力對我們適應生活、與人交往十分重要。它不是生來就有的，需要經過生活的歷練和有意識的培養才能形成。原因有三：

其一，人生來具有「自我中心」傾向，常常以自己的態度、心境、價值觀、知識經驗、去看世界、看他人。

其二，生活中的每一個人大都喜歡對自我與他人的行為原因加以解釋與推測，即歸因。而這種解釋與推測又常常令人遺憾地出現差錯。

其三，人與人之間存在著差異。如性別差異、年齡差異、階層差異、個性差異、地位差異等等，這使得人們往往不是在同一層次上，以同一標準去看待問題。

怎樣才能提高移情能力呢？有這麼三條途徑：

1、設身處地

設身處於的內涵不言自明，但真正做到設身處地卻不容易。一則要有強烈的意向，始終不渝地以極大的耐心「投入」進去，惟此

才能進入「角色」，真正站在別人的立場考慮問題。此外還要有一定的技能。由於理解他人的先決條件是對方向你敞開心扉，讓你得以窺探他內心世界的奧祕，而要做到這一點首先你得把心扉敞開來讓他覺得你是「自己人」，願意把心底的祕密亮給你，才能有後來的洞悉了他全部內心世界的「設身處地」。

2、注意反饋資訊

人是一個高度非線型的系統，世界上再也沒有什麼比人更複雜的存在物了。想透過一次性認知就能完全理解一個人是不切實際的空話。對某個人的理解需要經過若干次的修正才能得出近乎正確的認識。修正的依據是什麼？是來自各方面的反饋資訊。比如說，你向對方發出的語言資訊、非語言資訊（手勢、面部表情、聲調等等）、具體行為、以及理解對方的種種表示，對方有什麼樣的反應？是一笑了之，還是神情專注？是嗤之以鼻，還是頗受感動？對方認為你是坦誠的，還是油滑的？只有對這些資訊予以充分接收、分析、判斷、加工，繼而據此修正自己的行為表現，移情才有成功的可能性。

3、和別人同一立場看問題

若不站在同一立場上，對他人的理解就很難做到。你小時候應該聽過「金銀盾」的故事吧？那兩個爭得面紅耳赤的人不就是所站的角度不同嗎？所以，當他人做出一個你似乎難以理解的舉動時，不要先埋怨、斥責或表現出過激行為，而是要站在對方的立場上，平心靜氣地想一想，他為什麼要這麼做？一定是有理由的，理由是什麼？

第四，不是我們有幫助別人需要時才去利他，而是在別人需要我們幫助之時去利他。有人的確做了不少好事，但別人並不一定十分感激。原因就在於，他今天想做件善事了，便去幫助別人，可能並不是雪中送炭，所以別人也就不以為然了。

學會感恩

有一位剛從大學畢業的學生，到一家頗具規模的公司去應聘工作，他經過了筆試、口試，最後由老闆親自面試。

老闆問了他一個問題，「年輕人，你可曾為你的雙親洗過雙腳？」

這位年輕人想了想回答說：「只有雙親幫我洗過雙腳。從小到大，我還未曾替雙親洗過。」

老闆說：「等你回去為雙親洗過雙腳再來吧。」

年輕人回到家裡，不知如何向雙親啟齒，剛好這時母親風塵僕僕地由外面回來。

於是年輕人端了一盆水來到母親的面前說：「媽！您辛苦了，讓我來幫你洗洗腳吧。」

母親很驚訝，不過還是坐了下來。

年輕人將母親的腳輕輕放入盆子裡，塗上肥皂，以雙手揉搓母親的雙腳。這才發現，由於母親的操勞，雙腳竟變得如此粗糙，在幫母親洗腳的同時，他不禁流下了感恩的淚水。

第二天，這位年輕人到公司複試。老闆問他替雙親洗過雙腳了嗎？他說：「洗過了。」老闆問他有何感受？他道出「感恩」兩字。於是老闆就錄用了他。

學會感恩對一個人生活的有重要的意義。

其一，感恩可以滿足歸屬和愛的需要。這是人的一種本能的需要，包括愛別人和被別人愛。感恩是愛別人最直接的、最有效的途徑，並可使自己在生活群體中獲得歸屬感。進而獲得別人的愛，滿

足被別人愛的需要。

其二，感恩是一種處事哲學，是一種生活的智慧，會讓你勇敢地面對生活的挫折與困難。

很多的人在成功的時候能想到去感謝別人，感謝幫助過他的人，這個大家似乎都可以理解；遇到了失敗之後，很多的人就心灰意冷，開始抱怨不停，甚至從此一蹶不振，感覺為什麼會有這麼多的不公平。而心懷感恩的人，則不會輕易的受到生活中成敗的影響，總是看到生活的希望，使自己永遠保持健康的心態、完美的人格和進取的信念。他們相信，生活給你帶來了挫折的同時也會給你帶來面對挫折的堅強。

其三，感恩，有利於建立良好的人際關係。弗洛姆在他的代表作《愛的藝術》中曾經指出，愛，不僅僅是一種自然情感，如何去愛別人，是一種藝術，更是一種能力。愛別人就是一種感恩的表達方式。擁有了一顆感恩的心，在與同學交往的過程中，你就會更加的從容，淡然，也就沒有了埋怨，沒有了嫉妒，沒有了憤憤不平。可以說，感恩是人際關係的高階技術之一。是良好的人際關係的保鮮劑。

其四，感恩可以給我們帶來更多的機會。從某種意義上說，感恩也是給自己生存機遇的不斷「積蓄」。曾在網上看到一則新聞：一位成功人士資助了一個班級的八個貧困大學生順利地完成了學業。三年以後，因為公司發展的需要，這位成功人士有幾個空缺的工作崗位，他首先想到了曾經資助的幾個貧困的大學生，當想跟他們聯繫的時候，才知道除了一個常常跟他保持聯繫之外，其他的七個人的手機號碼全換掉了，撥打過去全是空號。而這七個人，從來不與這位資助者聯繫。他們不給資助者以情感方式的回報，同時也丟失了一個可能的機會。不是說大學生找工作難嗎？工作來找你了，卻不見你的蹤影。

我們要有一顆感恩的心。感恩是一種認同，這種認同應該是從我們的心靈深處對外部世界的一種認同；感恩是尊重的起點，在尊重他人、社會、自然、知識，中追求生命的意義；展現、發展自己獨立人格。感恩是一種與生俱來的天性，是一種良知；是擁有健全性格的表現；是一切良好的非智力因素的底色；感恩是一種美好的情感。

古人云「施人慎勿念，受施慎勿忘」。學會感恩，讓生命可以輕裝一點，未來才會陽光。

專欄

A

有兩戶農民的地在一起，在耕種時，不是這家耕多了一點就是那少耕一點，為此爭吵不休，互不相讓，都不願少種地界的那一點土地。後來他們在地界處種了一棵小樹作為地標。耕種時沒有了爭吵，可是麻煩更大了，小樹有充足的陽光和養料不到兩年便長成了一棵大樹，樹陰遮住了莊稼，莊稼得不到了陽光，他們兩家的收入反而都更少了。

B

有位孤獨的老人，無兒無女，又體弱多病。他決定搬到養老院去。老人宣佈出售他漂亮的住宅。購買者聞訊蜂擁而至。住宅底價8萬英鎊，但人們很快就將它炒到了10萬英鎊。價錢還在不斷攀升。老人深陷在沙發裡，滿目憂鬱，是的，要不是健康情形不行，他是不會賣掉這棟陪他度過大半生的住宅的。

一個衣著樸素的青年來到老人眼前，彎下腰，低聲說：「先生，我也好想買這棟住宅，可我只有1萬英鎊。可是，如果您把住宅賣給我，我保證會讓您依舊生活在這裡，和我一起喝茶，讀報，散步，天天都快快樂樂的——相信我，我會用整顆心來照顧

您！」

老人頷首微笑，把住宅以1萬英鎊的價錢賣給了他。

完成夢想，不一定非得要冷酷地廝殺和欺詐，有時，只要你擁有一顆愛人之心就可以了。

C

一個人問上帝：為什麼天堂裡的人很快樂，而地獄裡的人一點也不快樂呢？上帝說：你想知道？那好，我帶你去看一下。他們先來到地獄，走進一個房間，看到很多人圍著一口大鍋前，鍋裡煮著鮮美的食物，可每個人都一臉沮喪，原來他們手裡的勺子太長，沒法把食物送到嘴裡。上帝說：我們再去天堂看看吧。於是他又帶著那個人來到另一個房間，他們看見的是另一番景象，雖然每個人手裡的勺子也很長，可是這裡的每個人都顯得快樂又滿足。開飯了，只見這裡的人們用勺子把食物都送到了別人的嘴裡。

第五章 消費理財，透視智慧與人生品位

畸形消費，那是傻子

富裕了，消費時我們不必「摳門」，但絕不能做「冤大頭」，那是對個人品位與智慧的侮辱。自己瞎花錢或被人「宰」了，最大的損失不是口袋裡的鈔票，而是那顆醒悟後受傷的心。

誰樂意做「傻子」呢？

進入大學，一個顯著的生活變化是口袋裡有錢了。於是有人飄飄然，畸形消費現象悄然而生，其主要表現有：

第一，功利性請客成風。

在大學校園裡，「走，咱們出去吃一頓，今天我請客！」這樣的對話可謂是屢聞不鮮，大學生互相請客，大家輪流作莊已悄然成為一股熱潮。至於「吃」的理由更是形形色色：過生日是理所當然；收了匯款單見者有份；老鄉來訪就是請客吃飯；發了獎學金、有了異性朋友更不必說；更有甚者，拉關係、互相比較也成為請客的緣由，其開銷少則數百，多則數千、上萬。部分的大學生的餐飲費超過學費比例已經佔到總消費的40％左右。

第二，感情投資。

一些大學生在談戀愛的時候，總是認為錢可以說明一切，有的男生為了追求女生，把化妝品、零食、鮮花當成「攻心」的利器。到了情人節就更出手大方，幾十一支的「玫瑰花」一送一大把。更

有甚者，帶女友出去玩非要租車。有的男生還說：「出門擠捷運多沒行情呀。」

第三，盲目消費。

有些大學生竟不知道每月、每學期要花或花了多少錢，從未思考過錢是怎樣花的，反正沒了回家去拿，家裡人給的時候也無定數。同時，在該買什麼與不該買什麼上沒有主見，看到別人買甚麼自己也「隨波逐流」，結果是錢花了於己用處卻不大，造成了不小的浪費。

第四，負債消費。

有錢的去做冤大頭還有一解——「我願意，怎麼樣？」沒錢的也跟著瞎起鬨，那就無言以對了。一些家境並不富裕的學生不但不體諒家裡的困難，卻扛起了「負債消費」的大旗。他們的消費項目多半是用於奢侈浪費的非必要生活消耗：如在高檔飯店舉辦生日宴會，同學之間互相比較奢侈浪費，錢花光了就頻頻向家裡「告急」要錢。家人不得不節衣縮食，家庭的經濟負擔和壓力越來越沉重。

為了炫耀而消費；為比較而消費；為討好他人而消費，他們共同的名字叫傻子！炫耀讓人覺得淺薄；比較讓人感到可笑；至於討好，那更是徒勞！

做一個精明的消費者

學會消費是獨立生活的一個重要標誌。是否會消費是一種基本的生活技能，這和錢財的多少沒有關係。如果盲目的把錢浪費掉，這不僅僅是錢的問題，也是對你的智力的侮辱，對你的「大學生」身分的侮辱。社會上那些非常有錢的智者們，也是處處要做一個精

明的消費者。

且以某大名鼎鼎的證券股票投資者楊百萬先生為例。

一天，楊百萬和他的朋友一起在梅龍酒家用「午餐」，這天是他做東。餐後，服務生小姐恭敬的遞上帳單，但是楊百萬沒有立即掏錢。在仔細的看了帳單之後，楊百萬手中「唰」的摸出一把「晶晶亮」飲料的瓶蓋，「這是剛才檯面上喝的飲料的全部瓶蓋，請複核一下，是否相符？」楊百萬開腔了。

服務員小姐被問得滿臉通紅，撿起那把瓶蓋就回帳臺去了。不一會兒，一張更正了的帳單遞回，服務員小姐還靦腆的奉送一句「對不起！」

這時，楊百萬慢條斯理的說：「其實，日常消費中都有一個投資效益如何提高的問題，就說影印機吧！按照我證券辦公室的實際需要，確實應該買一臺，但是，我仔細想想，不划算，一臺影印機近3萬，機器四五年就要報廢了，一兩年又要換滾筒，平時還要紙張，墨粉等消耗材料，這樣算下來，一臺影印機一年開銷近一萬，還不如幾毛錢一張送到外面去印，一年用不了一千元。」沒人說楊懷定是一個吝嗇鬼，相反，人們對他的精明深感欽佩。

百萬富翁尚且要做一個精明的消費者，何況大學生這樣一個純消費群體！

我們應該給自己的消費能力正確的定位。要為自己的消費水平找準定位點，合理地消費。避免不合理的定位給自己帶來的沉重的精神負擔以及精神壓力。如果你對自己的消費水平沒有自知，認為別人有的你也一定要有，最終受折磨的還是你自己。

我們要學會精明地購物。在消費中保護自己的正當的權益。

第一，選購商品的時候，應仔細的向營業員瞭解所購的商品的效能，特點，以及該商品在使用時應該注意的若干問題，要向經銷

者索取發票、商品保證卡。這樣，如果發生了問題，在找廠商解決時手裡就有個證據。

第二，在出現吃虧上當或者產品質量有嚴重問題的時候，及時向消費者協會投訴，或者向有關部門反映。

第三，進行價格比較。在購買商品時，進行價格比較，是消費者保護自身權益的一種方式。如今大部分的商品的價格已經放開，經營者可以自主定價，此外，由於經銷者進貨通路的不同，中間環節的多少不等，以及價格政策的差異，同一品牌，同一型號的商品，其價格也會有一定的差別。因此，在購買商品時，必須進行價格比較。

第四，善於討價還價。有些人在買東西時不敢討價還價，怕被人笑話，說自己一副窮酸相。一些經營者也常常以「買不起就別買」這類的話來諷刺還價的消費者，這使得有些人更羞於啟齒。其實，完全沒有必要。買賣雙方完全是建立在願買願賣的的基礎之上。還價，絕不是寒酸的表示，而是精明的表現。相反，不還價，任人宰割，其損失不僅僅是經濟上的，也是心理上的；當我們在購買商品上當受騙之後，不是有一種被侮辱的感覺嗎？

學會理財

理財的目的在於學會使用錢財，使財務處於最佳的運行狀態，從而提高生活的質量和品位。有些大學生沒有理財意識，每個月的錢就是那麼稀裡糊塗花的，花沒了才知道這個月還沒過完。至於下個月，要不厚著臉向家裡要，要不就先借錢欠卡債。這當然不是一個好的狀態。

大學生的理財有其自身的特點，以下的建議或許對你有所幫

助：

制訂一個消費計劃，首先列出必要開支，這些開支是必要的，如：伙食費，這筆錢不能動，其他的錢可以考慮相對的靈活的使用。

兩個月下來，要對自己的消費狀態來一次「審計」，看看哪些開支是完全必要的，哪些開支是完全不必要的，哪些開支是可有可無的。然後，完全必要的開支毫不猶豫地花，完全不必要的開支堅決不花，可有可無的開支儘量的少花。

伙食費、必要的生活用品費、購書費應佔總開支的70%以上，這是個合理的消費比例。有些同學電話費，上網費，遊玩費，社交費用佔到總支出的50%以上，那就不合理了，同時也說明沒有做到以學習為主。

養成節儉的好習慣，生活中有很多小開支，這裡幾，那裡幾塊，看似不起眼，但積少成多就是一個大數目。勤儉節約似乎是老生常談的話題，但是這個好的習慣會讓大學生終身受益。

合理利用銀行。大學生最基本的理財應從如何跟銀行打交道學起，應瞭解最基本的金融常識、ATM和信用卡的一些服務功能，瞭解存錢、取錢、銀行利息計算等知識。

多餘的錢可以儲蓄起來。這不是為了聚財（因為數量有限），而是為了形成一個良好的習慣。要做一個精明的消費者，就不能花冤枉錢。

跟別人借錢，只是在特殊的緊急的情況下才能這麼做。而不能成為慣例。及時、守約的還錢事關誠信，千萬不能當兒戲。

炫耀性消費是堅決的要杜絕的，一是因為要耗費錢財；二是根本達不到炫耀的目的，因為錢不是你掙來的。同時，自己透過勤工助學或家教掙來的錢也不必亂花。

窮人家孩子

　　貧困大學生，尤其從偏鄉進入都會的貧困大學生，因為進入到了一種全新的城市生活，在物質上，學習上，生活方式上，人際交往上等等發生了很大的變化。這些變化滲透到大學生活的每一個細胞之中，給貧困大學生帶來很大的心理壓力。

　　這種壓力在最極端的人身上甚至演繹出怵目驚心的人間悲劇。

　　女生蔣某，考上大學後，貧窮的家裡拿不出學費，哥哥打工讓她上學。帶著母親的厚愛和哥哥的疼愛，她邁進了大學大門。可是她的心理很快就失去了平衡，同學們的家境大都比她好，她感到自己事事不如人，極度自卑，學習成績也一日不如一日，遂產生了厭世的想法。因怕家人難過，決定拉同學一起死，於是趁同學過生日之機投毒，造成5名無辜同學死亡。

　　如果把這一悲劇的根本原因解釋為貧困是不對的，它不是由貧困直接造成的，而是由貧困所扭曲的心態所導致的。在這裡，起關鍵作用的是主體心態。

　　讓我們再來看一位貧困大學生的自述。那是何等地冷靜、客觀，更是何等地陽光。

　　我是一個地地道道的窮人家的孩子，且不與富裕地區的家庭相比，就是在我們那個貧窮的小村莊裡，我們的家也算是比較窮的。所以在我的求學生涯中，我一直是班裡的扶貧對象。於是，我想透過好成績抹去心中的陰影，在這個動力下，我順利地踏入了大學的校門。這似乎應驗了那句「窮人的孩子早當家」，我也一度為這句話的存在而為自己驕傲與自豪。

　　開始真正的大學生活之後，我漸漸地對這句話產生了懷疑。和那些從小生長在城市裡的富人家孩子在一起，我常常感到自卑，他

們氣質好，形象佳，人際關係廣泛，自信，開朗，舉止得體，適時的表達自己的感受等等，這些都是我們窮人家的孩子無法跨越的鴻溝。特別是在生日等這樣的小型的聚會上，富人家的孩子通常都是無憂無慮地盡情歡笑，而窮人家的孩子則很難自然地融入到歡樂的氛圍中去。他們大多不苟言笑，或「懂事」地做些後勤工作。

其實，「窮人的孩子早當家」的真實意思應該是懂事，而非「當家」，他們能夠管理自己，養活自己，培養獨立意識。贊同「窮人的孩子早當家」的人只是看到了窮對孩子的正面影響，而往往忽視了負面影響。過早的承擔了生活的重擔使窮人的孩子失去了那個年齡所應該具備的對生活的樂趣，他們往往或多或少的有些自卑心理和猜疑心理，擔心別人瞧不起自己，他們做事踏實、認真、勤奮，但是不喜歡合作，而喜歡埋頭苦幹。有人說這是一種心理「早熟」，我則認為，早熟的果實往往也會過早地凋謝，成就不了什麼大氣候。

在現代社會，人與人之間的競爭是認知能力的競爭、操作能力的競爭，也是人際交往能力的競爭。而後者正是富人家孩子與窮人家孩子的差別所在。通常在與人交流的過程中，只要看一個人的舉止，說話甚至是眼神就可以判斷出一個人是富人家孩子還是窮人家孩子。暑假待在學校裡做家教，教一個出生於家庭條件十分優越的六歲的小女孩，在與她相處的過程中，我不禁為他的表現所震撼，僅僅六歲，知道如何照顧自己？如何與別人相處？如何把自己的感受表達給對方？如何與別人協商她不樂意做的事情？回想我以及我村裡同齡人的童年生活，只能用兩個字來形容─空白。

在那物質不夠富裕的年代裡，父母整天圍著溫飽而不辭勞苦，哪有閒心照顧子女。心理學研究表明，一個人的童年生活決定了這個人成人之後的人格健全以及性格發展，而人格，性格又決定著一個人的成就所能達到的最大限度。

隨著社會的發展，一個人從小的生活環境，見識以及父母的教育對一個人的成就的影響將越來越大。我想，大眾的觀點也需要改為「富人的孩子早當家」了。

作為一名在校的大學生，我最大的生活目標即學好本領，將來找一份好的工作，讓自己的苦澀童年不再下一代身上重演！

在社會貧富差距還比較大的今天，全社會生活水平的差距必然會折射到大學生的生活之中。這是一個無可迴避的事實。家境貧困的大學生必須學會應對一個生活課題：我們該怎麼個活法？面對生活中的種種誘惑與富家子弟的生活方式，我們該保持一個什麼樣的心態？

為此，我們謹提出以下建議：

1、承認現實，接受現實

其一，承認我們的生活水平的確與我們周邊的人有差距，我們不可能與那些富家子弟以同樣的方式生活。我們不僅不能過上那種炫耀式的生活，比如穿名牌，進大飯店，我們甚至連那些生活與學習上的必需品也不可能完全地、即時地得到滿足。我們必須接受這個現實，任何的抱怨是沒有意義的，「存在的即為合理的」。事實已經存在，我們就應該接受它，併為它找到合理的一面。

其二，承認這種生活狀態不可避免地會給我們帶來這樣那樣的心理壓力。貧困可能會使我們感到自卑，不願意參加集體的活動，不願意與同學交往等等。這些感受是可以理解的，完全沒有這些感受也是不可能的。說什麼「生活上貧窮，精神上富有」，那是空洞的自我安慰，甚至是自我麻醉、自我欺騙。因為這個推論從根本上就是不合邏輯，生活上富有，精神也富有的大有人在；生活上貧窮，精神上也貧窮也不在少數。貧窮給我們心理上帶來壓力很正常，而且也不見得就一定是壞事。

其三，承認這一現實在短期內得不到根本性的改觀。有些貧困生家庭可能突然時來運轉，脫貧致富。這種情況肯定有，但只是小概率事件。從總體上說，這是一個在短期內不可得到根本解決的社會問題，雖然政府與社會正在做這方面的努力。所以，我們也要有在一段時間內接受貧困這一事實的心理準備。

2、改變解釋「貧困」這個事實的方式

心理學家認為，人們的心態，並不是由「事實」所決定，而是由人們解讀「事實」的方式所左右。如果我們把自己的貧窮解讀為「老天不平」；「命運不好」；「世道不公」那你的心態只能是愈來愈壞了，隨之而來的將是生活狀況也會愈來愈差。如果換一種方式來解讀，情況可能就大不一樣。

其一，「貧困」，它不是我們的錯。我們沒有權利選擇自己的出身，正如我們沒有權利選擇我們是什麼樣的膚色。也別一個勁地去怨父母，從某種意義上說，父母的貧窮多半也是出於無奈。既然我們不是貧窮的「責任人」，我們也不必為此背上沉重的十字架。

其二，人言：「太陽家家門前過，總有一刻到我家」。意義是說，在人的一生中，幸福是一個常數。老天也是公平的，它會給每一個人幸福的機會，但恰如太陽不會同時普照到每一家一樣，有些人的幸福來得早；有些人的幸福來得晚。對於我們出身於貧困家庭的人來說，可能就是享受陽光比較晚的那一些人吧，但肯定會享受到。至於那些一早就沐浴在陽光中的人，可能到中午時分就不再是豔陽天了。我們不是在詛咒別人，僅僅是在陳述一個事實。

其三，貧困並不全是壞事。貧困肯定不是一件什麼好事，但它也不全然是壞事。因為世界上從來沒有什麼絕對的好事與絕對的壞事。一個人在生命的早期多一些磨難，會對其性格、意志的鍛造；心理承受能力、生活的適應能力的提高有直接的幫助。不是早就有人說過嗎：「自古雄才多磨難」。我們究竟是敬佩清兵入關時的滿

人，還是羨慕晚清的那些紈絝子弟？答案是不言自明的。

其四，在這個世界上，我們並不是最困難的人。人們多少都有點顧影自憐。每每以為自己的不幸是世界上最大的不幸；自己的痛苦是人世間最大的痛苦。其實，這要看你與誰比呢。

記得有一首兒童詩，大體意思是這樣的：

滿街都是新鞋，我是多麼寒磣。

纏著媽媽一路哭鬧，直到突然看到，一位失去了腿的人。

如果我們用以上思路去解讀眼前的貧困，我們是否會有一種釋然的感覺？

3、看到我們的優勢

我們不是沒有優勢，我們的優勢也並非微不足道。問題是我們先前沒有過多地去注意它。在擺平了自己的心態之後，就很容易能夠看到我們自己的優勢。從小到大，外界並沒有給我們提供什麼優厚的條件，但是我們透過自己的努力能夠和那些家庭條件很好的同學接受相同的教育，生活在同一個屋簷下，這本身就是對我們能力的肯定，這種肯定足以讓我們可以比富人家的孩子更有自豪感。同時，與那些和我們一起成長的許多童年的夥伴相比，他們依然在水深火熱的貧困中維持生存，而我們能夠在大學校園裡繼續深造更是一種幸福，成功和自豪。回首看看自己的生活經歷，你也會有很大的自信。從小到大，我們的生活一直都是一天比一天好，我們的眼光一天比一天高，我們的見識一天比一天多。我們的生活層次也在一步步的提高，這足以讓我們看到未來的希望，只要我們努力，我們就可以一步步地好下去。總有一天，我們會發現，原來自己已經了以很從容的面對生活了。透過我們的努力，將來就可以為我們的孩子提供一個良好的生活環境，他們就可以像我們曾經所羨慕的「富人家的孩子」那樣開心，無憂無慮的成長了。「當你戰勝了困

難的時候，它就是你的財富；可當苦難戰勝了你時，它就是你的屈辱」，當你戰勝了貧困的時候，你會發現，其實貧困真的是一筆人生的寶貴財富。

4、以平和的心態面對生活

誠然，貧困會給我們的大學生活帶來很多的額外的壓力，但從另一個角度來講，這些感受又是沒有必要的，沒有任何作用的。試想，如果我們用這樣一種心態去度過自己的大學生活，那麼大學能給我們帶來什麼呢？是學業上的深度，還是心態的成熟？答案是不言而喻的。本來貧困已經給我們的大學生活帶來了物質上的麻煩與壓力，我們就不應該再揹負著貧困的精神壓力去生活。

作為一名大學生要學會「建構」自己的大學生活，大學的空間很大，誘惑也很多，沒有必要處處跟別人比較，這種比較也沒有任何的意義，一個貧困生更應該這樣。我們慣常的思維總是拿自己的不足的地方與別人的長處比較，來「為難」自己。一個貧困生的慣常思維當然就從物質上無意識與別人比較，這種比較只能帶來精神上的負擔與脆弱，影響自己的生活情緒。

貧困生經常遇到一種尷尬的情況，有時同學邀請一起出去吃飯。去吧，感覺自己沒有那麼多錢，一頓飯花去了後面兩三頓的伙食費。不去吧，又覺得不合適，害怕別人說自己「小家子氣」，不合群。類似的這種「兩難」的情景在貧困生的大學生活中很常見的。其實這種心理就是由於自尊心作祟和自信心不足造成的情緒反應。一個家庭很富裕的同學在拒絕別人是肯定不會這樣的心理顧慮。不想去的話，你完全可以拒絕的，大家都會理解的。

一旦我們接受了這個現實，自然就不會因為貧困而產生自卑，貧困確實給我們帶來了很多的負面的影響，我們要分析這些影響有哪些是可以克服的，比如：因貧困而可能帶來的猜疑心理；有哪些是不可能克服的，比如：生活層次的差異。然後，接受那些不可改

變的，改變那些可以改變的東西。一個人生活從來沒有一個恆定的標準，可能你的處境很糟糕，但還不是最糟糕的，還沒有到絕望的時候。況且那些富家子弟，物質生活也沒有達到「頂級」狀態，不是還有比他們再富裕的人家嗎？每個人按照自己的能力去消費，按照自己的方式去行事，那是一種最踏實的生活。

作為一位貧困的大學生要鼓起生活的信心，改變眼下的處境，至少，不要退到你已經見識過的比現在還糟糕的境地。如果你一味的自卑，封閉自己的心理，那麼你只能退到比現在更糟糕的境地，那才真是一種最可怕的境地。

5、最大可能地去改變我們的生活狀況

說了這麼多，並非是我們的貧困大學生安於現狀。我們已經是成年人了，我們也有兩隻手，我們更有一顆不亞於任何人的腦袋，完全可以透過自身的勞動去改善生活狀況。大學肯定沒有中學那麼緊張，一定有不少的自己可支配的時間，為什麼不用這麼時間去換取我們所急需的金錢呢？況且，這種打工經歷（無論是藍領還是白領），對大學生（無論是窮人家孩子還是富人家孩子）都是彌足珍貴。況且，用自己賺來的錢去消費，那種感受是用父母的錢去消費沒法比的。

富人家孩子

隨著社會貧富差距的拉大，大學校園裡出現很多所謂的「富人家的孩子」。究竟怎樣算是富人家的孩子？很難給出量化的標準。在這裡我們所指的富人家的孩子是指那些父母有較高的社會地位，家庭有較高的生活檔次，並且自己對此有所自知的大學生。

出生在富裕的家庭裡，是一種幸運。我們沒有必要迴避，這確

實值得我們自豪。俗話說：錢不是萬能的，但是沒錢卻萬萬不能。家庭的富有至少給我們帶來以下的優勢：

首先，我們不必像窮人家的孩子那樣在考慮自己學業的同時還要考慮自己的生活問題。家庭的富裕為我們的成功掃清了這個重要的障礙，可以使我們有更多的時間和精力做我們想做的事情，更有條件來發展自己。

也許你會說，貧困大學生可以靠打工來解決自己的生活問題。打工是一種成長，是一種鍛鍊，可能更有利於他們適應將來的社會。對這一點我們不否認。不過，大學校園裡，很少有人打工是純粹為了鍛鍊自己的，很多的人都是被生活所迫。如果給他們選擇的機會，相信很多的人會選擇好好學習，全方位發展自己，而不是去打工。富人家的孩子也可以去打工，但可以根據自己的興趣選擇是否要這個「經歷」，而對於窮人家的孩子，是沒有迴旋的餘地的，是沒有選擇的，是必須去做的。

其次，我們要比那些條件不是很好的甚至是很貧困的同齡人享受更多更好的學習條件，我們很多的需求不會因為錢的問題而擱淺。例如，我們可以根據自己的興趣去參加一些補習班，去考各種資格證，我們可以聽各種昂貴的學術講座，我們可以隨意購買我們所需的各種書籍。

再次，父母也為我們的成長提供裡更為寬鬆的環境，作為富人家的孩子，更有機會接觸各種成功的人士，增長見識，開闊眼界，這為我們的成長、成功提供了一條捷徑。

以上分析，只能說明富人家的孩子更有條件成功，更有可能性成功，究竟能否把這種可能性變成現實性，關鍵還是看個人的主觀的態度。外在的富有是客觀的，這個客觀的事實，可以成就一個人，也可以毀滅一個人。任何事物的發展都是有兩面性的。富足的物質生活給我們帶來了優越的生活條件的同時，也會使得我們容易

養成養尊處優的思維習慣，使我們產生過分的依賴感；使我們失去了克服困難的動力。

古今中外一些富家子弟變成紈絝子弟的例子是很多的。其中最典型的莫過於清代的「八旗子弟」這樣一個特殊的社會群體了。

清兵入關以前，17世紀初，努爾哈赤（清太祖）把滿洲軍隊分成了四旗，每一旗，起初是七千五百人。後來因為人數一天天增加（以滿人為主，也包括少量蒙、漢、朝鮮、俄羅斯等族人），又由四旗擴充為八旗。八旗的旗色除了原來的正黃、正紅、正白、正藍之外，再加上鑲黃、鑲紅、鑲白、鑲藍。這些旗的編制，是合軍政、民政於一體的。滿洲的貴、賤，軍、民，都編了進去，受旗制的約束。

清兵入關的時候，這些「旗下人」或者說「八旗人」的男丁，大抵是能騎善射，勇於征戰。但是，入關以後，他們大抵受到了世代的優待。和皇室血緣親近。地位崇隆的，當了王公大臣，什麼親王、貝勒、貝子、鎮國公、輔國公之類；地位小的，當什麼參領、佐領；最小最小的，也當一名旗兵。由於他們參與「開國」有功，地位特殊，世世代代食祿或者受到照顧。

這種先代的「光榮」，祖輩的「福廕」，特殊的身分，閒逸的生活（靠領月錢過日子），使得許多「旗下人」都非常會享樂，十分怕勞動。男的打茶圍，蓄畫眉，賭博，鬥蟋蟀，放風箏，玩樂器，坐茶館，一天到晚盡有大量吃喝玩樂的事情可以忙的。女的也各有各的閒混過日的法門。他們憑藉祖宗福廕，領著「月錢」，遊手好閒，好逸惡勞，沾染惡習，腐化沉淪。

重溫這段歷史，我們可以看出，一個人不是憑真才實學，憑艱苦奮鬥，而是憑血統關係，躺在祖先的福廕之下，享受特權，閒逸度生，是終究非衰頹腐敗下去不可的。在現代社會中，也存在很多的「富二代」或「官二代」，自以為「根正苗紅」，有一個好出

身，理所當然就應該養尊處優。

　　西方有一個故事是這樣說的：有一位富翁十分「吝嗇」，他每次坐地鐵或者喝茶時給服務員的小費從來沒超過一美元的，可不同的是他的兒子每次給的小費從來不低於十美元。這是個很奇怪的現象，於是人們就問這富翁，為何會出現這種情況，富翁笑著說「其實原因很簡單：他有位有錢的父親，而我沒有。」

　　有些富家子弟很簡單，很理想化的認為，自己有一個很好的家庭背景，生活對他來說就百事可樂了。其實，這是一種很幼稚的想法，生活遠遠沒有我們想像的那樣簡單，上帝是公平的，幾乎很少有人能夠一輩子享受榮華富貴，人生就像大海裡的波浪，有潮起就必然有潮落的時候，我們要隨時準備迎接生活的挑戰。時代在快速的變化，政策也在不斷的變化，誰也無法預測將來的生活，現在的一切並不代表將來的生活。更何況，現在的富有並不是我們的，而是我們父輩的，也是我們的父輩在年輕的時候靠他們的生存能力、技能，和他們艱苦的奮鬥創造出來的。我們應該感謝他們為我們提供的一切好的環境，充分了利用這個有利的條件，發揮自己的能力，去適應這個快速變化的社會，而不能坐享其成。試想一下：二十年以後，我們的父輩都是要我們照顧的老人了，他們不能再給我們帶來什麼了，而自己這麼多年來，一直在他們的庇護下，沒有學會任何的生存本領，到那個時候你可能就會感覺到落魄的滋味了。有一句古話叫做「富不過三代」，也許就說明了這個道理。

　　在富人家孩子群體中，除了有養尊處優的心理之外，還有一種畸形的消費心理：炫耀性消費。他們企圖透過炫耀自己家庭的物質財富，來提高自己在同伴中的自尊。但是，結果往往適得其反。

　　有個大學生，家境非常好，常常動輒就請大夥伙吃一頓，一付滿不在乎的樣子。這種振臂一呼的感覺讓他覺得風光無比，他自認為肯定大家都很感激他，自尊心得到了很大的滿足。而實際上，吃

完飯之後，大家背地裡罵他是傻瓜。

從心理學角度來講，這種炫耀心理實際上是一種超越自我客觀價值的自我虛構心理，是內心不自信和虛偽的體現。這種心理表現在生活消費領域，就是對物質生活的高慾望——追名牌、追流行。許多大學生就是這樣以擁有各類名牌（而不是用優異的學業或特殊的才華）作為炫耀的資本。這種現象實際上反映出大學心理上的一個癥結：用富裕的物質生活來充實美化自己的形象，並使之高大，或以此來提高自己在班集體中的地位和顯示自己的社會價值。這種做法是不成熟的也是行不通的。當一個人把生活的關注點放到了別人對自己的評價上，那麼這個人是很難找到心理的平衡與踏實的。一個受人尊重的人不是處處討好他人的人，並且也做不到討好所有的人。我們不可能讓外在的每個人滿意，我們所能做得到就是我們的表現要讓我們自己滿意。我們每個人都要有自己的為人處世的方式，有自己的原則，有自己的優勢，有自己的能力，有自己的不可替代的特殊的才華。只要積極的關注自己內在的素質，透過內在的素質的自然展現，才會獲得別人的尊重。

作為一個富人家的孩子，我們究竟應該怎樣做呢？

首先，我們應該利用家庭的條件，而不是消耗家庭資源。消耗，是沒有任何價值的浪費；利用，是充分的體現價值。我們可以在日常生活中消費好一些，在自己經濟容許的情況下，也可以追求高品質、高品牌、高品位的生活。

其次，我們要具有理財能力。

增強獨立意識，培養和加強理財能力是現今的大學生在激烈競爭的社會中生存的必備因素。這與你的家庭背景是沒有必然聯繫的。換言之，無論你的家庭條件如何，都要學會理性理財。理財不是簡單的四則運算，不是簡單的收支平衡，它需要長期的理性基奠。要學會有計劃消費，對於消費，要有獨立的行動和理性的思

考，不要人云亦云，盲目追風，但也不能一成不變，食古不化。就是說，在自己實際的消費能力和社會的現實狀況中找到一個平衡點，合理消費。

最後，在與人交往的過程中，要注意自己的言行舉止。

我們要學會尊重別人的生活方式，每個人都有自己的生活方式，我們不能用自己的生活標準去評判。舉個例子：在跟同學一起逛街的時候，對於一般的商品，也許你認為是很便宜的，但是對方可能感覺是很貴的。這個時候就要注意自己的言行，要從對方的角度去考慮。並不是每個人都和你處在同一個消費水平上的。能夠換位思考，尊重別人是一種高素質的表現，我們不要做一個富有的輕浮人。這樣比單純的輕浮的人更讓對方瞧不起。

專欄

A

三個旅行者同時住進了一個旅店。早上出門的時候，一個旅行者帶了一把傘，另一個旅行者帶了一根柺杖，第三個旅行者什麼也沒有帶。晚上歸來的時候，拿傘的旅行者淋得渾身是水，那柺杖的旅行者跌得滿身是傷，而第三個旅行者卻安然無恙，於是第三個旅行者就問他們為什麼會淋溼，為什麼會跌傷。拿傘的旅行者說：「當大雨來臨的時候，我因為有了傘，就大膽的在雨中走，卻不知怎麼淋溼了；當我走在泥濘坎坷的路上的時候，我因為沒有柺杖，所以走得非常仔細，專揀平穩的地方走，所以沒有摔傷。」拿柺杖的旅行者說：「當大雨來臨的時候，我因為沒有帶雨傘，便揀能夠躲雨的地方走，所以沒有淋溼；當我走在坎坷泥濘的路上時，我便用柺杖拄著走，卻不知為什麼常常跌跤。」第三個旅行者聽候笑笑說：「這就是為什麼你們拿傘的淋溼了、拿柺杖的跌傷了、而我卻安然無恙的原因。因為，當大雨來臨時我躲著走，當路不好走時我仔細走，所以我沒有淋溼也沒有跌傷，你們的失誤就在與你們有憑

借的優勢，有了優勢便少了憂慮。」

B

一個老人在高速行駛的車上，不小心把剛買的新鞋從車窗掉了一隻，周圍的人倍感惋惜，不料老人立即把第二隻鞋也從車窗扔了下去。這舉動更讓人大吃一驚。老人解釋說：「這一隻鞋無論多麼昂貴，對我而言已經沒有用了，如果有誰能撿到一雙鞋子，說不定他還能穿呢！」

第六章 初戀時分，那誘人又難纏的愛情

初戀時，我們不懂愛情

愛情是一杯酒。

是美酒？是苦酒？是藥酒？還是毒酒？那就全憑釀酒師的所作所為了。

大學是戀愛的季節。

因為我們生理上已經成熟，心理上也有此需求；社會也認可我們的戀愛行為；時間和精力上也有了可能。無需羞羞答答，不必偷偷摸摸，因為我們已進入正式浪漫期。

「哪個少女不懷春，哪個少男不鍾情」！在這個少男鍾情、少女懷春的青春期，一旦遇到大學這個合適的土壤，就會播種下愛情的種子，綻放出絢爛的愛情之花。大學裡的摯情之戀似一杯甘醇芳馨的美酒，令人如癡如醉。雖然有人統計：大學生戀愛的最終成功率不到10%，但如果你感到有此需求，作為一種人生體驗，也無可指責。

不過，浪漫的行為不等於盲目的行為。雖然在戀愛中純理性會讓人索然無味，但理性的完全喪失不僅會把愛情釀為苦酒，更會使人生走上歧途，那可是不值啊！我們需要認識愛情，我們需要擺正愛情在生活中的位置。

關於對愛情的詮釋，諸子百家可謂眾說紛紜。心理學家是這樣

看待愛情的。

　　愛情體驗主要是由一種溫柔、摯愛的情感構成的，一個人在體驗到這種情感時還可以感到愉快、幸福、滿足、洋洋自得甚至欣喜若狂。我們還可以看到這樣一種傾向：愛者總想與被愛者更加接近，關係更加親密，總想觸摸他擁抱他，總是思念著他。而且愛者感到自己所愛的人要麼是美麗的，要麼是善良的，要麼是富有魅力的，總而言之是稱心如意的。在任何情況下，只要看到對方或者與對方相處，愛者就感到愉快，一旦分開，就感到痛苦。也許由此就產生了將注意力專注於愛人的傾向，同時也產生了淡忘其他人的傾向，產生了感覺狹窄從而忽視其他事物的傾向。似乎對方本身就是富有魅力的，就吸引了自己的全部注意和感覺。這種互相接觸，彼此相處的愉快情緒也表現為想要在儘可能多的情況下，如在工作中、在嬉遊中、在審美和智力消遣中，儘可能與所愛的人相處。並且，愛者還經常表現出一種想要與被愛者分享愉快經驗的願望，以至平時常聽人講，這種愉快的經驗由於心上人的在場而變得令人愉快。

　　在西方學者對愛情心理的研究中，還聽到過來自情人的自我報告。他們說：時間的遷延全然消失了。當他處於消魂奪魄的時刻，不僅時間風馳電掣般飛逝而過，以至一天就宛如一分種一樣短暫，而且像這樣強烈度過的一分一秒也讓人感到好像度過了一天甚至一年。他們彷彿以某種方式生活到另一個世界中去了，在那裡，時間停滯不動而又疾馳而過。有人曾要求愛因斯坦用通俗的方式解釋相對論。愛因斯坦答道：當你伸手向父親要錢的時候，20分種會像兩小時那麼長；當你與相愛的人在一起時，兩小時只有20分鐘那麼長。

　　所以，在心理學家的眼裡，愛情是一種非理性行為，是一種類催眠現象。關於愛情與催眠，弗洛伊德在《集體心理學和自我的分

析》一書中有一段精彩的表述：「從愛到催眠只有一小步之隔。這兩種情形相同的方面是十分明顯的。在這兩種時刻，對催眠師，對所愛的對象，都有著同樣的謙卑的服從，都同樣地俯首帖耳，都同樣地缺乏批評精神，而在主體自身的創造性方面則存在著同樣的呆板狀態。沒有人能懷疑，催眠師已經進入了自我典範的位置。區別只是在於，在催眠中每一樣東西都變得更清晰、更強烈。因此我們覺得用催眠現象來解釋愛的現象比用其它方法更為中肯。催眠師是唯一的對象，除此別無他人。自我在一種類似夢境的狀況中體驗到了催眠師的可能要求和斷言的東西。這一事實使我們回想起我們忽略了自我典範所具有的一個功能，即檢驗事實實在性的功能。」

英國科學家還從神經生理學的角度解釋了愛情為什麼是盲目的？研究發現，腦部掃描可顯示當情侶沉溺愛海時，會失去批判能力，掃描顯示愛情會加速腦部獎賞系統特定區域的反應，並減慢作出否定判斷系統的活動。當獎賞系統想及某人時，腦部會停止負責批判性社會評價和作出負面情緒的網路的活動，這就很好解釋了愛情的魔力，也很好地解釋了愛情的盲目性，即處於一種意識恍惚的類催眠狀態之中。由此觀之，愛情是一杯美酒，但一不小心喝醉了，是會出麻煩事的。我們的建議是，對於愛情，要能夠進得去——享受其愉悅之情，獲得重要的人生體驗；出得來——不為之搞得昏天黑地，直至灰頭土臉。

再一個問題就是愛情在生活中的位置。

在小說家演繹的愛情故事中，愛情就是生活的全部。其實，這種表述近乎荒誕。我們承認愛情是重要的，很重要的。但我們還要說，它不是最重要的，更不是生活的全部。對於人類而言，對於大學生而言。生命的第一要義是生存，第二是發展，愛情最多也只能排到第三位。

美國心理學家做過一個實驗。他們把一群大學生關在一個屋子

裡，不給吃也不喝，無聊的大學生們只能在一起聊天。屋子裡有許多竊聽器，記錄他們的談話內容。開始時話題很廣泛，愛情也是重要的主題之一。隨著時間的推移，話題轉向美食。再隨著時間的推移，大夥都餓了的時候，話題高度一致——麵包與水。可見，生存才是人的第一需要。

能夠生存以後，接下的的需要是發展。一個終日沉緬於愛情而不謀發展的人，是早晚要被社會淘汰的人。他們不僅不能自立於天地之間，同時也不可能得到完滿的、穩固的愛情。相反，如果你發展的很好，還怕愛情不找上門來，直至讓你應接不瑕嗎？赤壁之戰後，趙雲拿下了桂陽，其間還有一段豔遇。可趙雲的態度是：「天下女子不少，但恐名譽不立，何患無妻子乎？」

作為大學生，我們需要愛情，也可以談戀愛，但切不可因之而亂了方寸。它不能影響我們的學習，不能妨礙我們的發展，這是兩個在任何時候、任何情況下都不能忘卻的前提。當然，如果它對促進我們的學習與發展，那是最佳狀態了。

分清友誼與愛情

人類之愛，有多種形態。如父（母）子之愛；兄弟（妹）之愛；師生之愛；同學之愛；朋友之愛；情人之愛……所有這些，讓人類精神世界豐富多彩。因之，不是一男一女在一起，關係很親密，就一定是戀人、情人。

正常的人、健康的人需要愛別人，也需要被別人愛；更需要來自方方面面，能給自己帶來不同感受與體驗的愛。譬如在大學校園裡，友誼與愛情都是不可或缺的。

大學裡，一對戀人肯定會經常纏在一起，但經常纏在一起的一

對男女卻不一定在談戀愛，因為異性男女之間除了愛情還有友誼。大學裡男女之間的友誼之所以容易被誤解，是因為大學裡異性之間的友誼有一種神祕感，還多少帶有一點性愛的色彩。

　　無論是男生還是女生，總是要在異性的面前儘量展現自己最美好的方面，有的男生在宿舍裡可能是「出口成髒」，但在女生面前絕對保持文雅；有的女生在同性面前舉止潑辣，但在男生面前則表現得小鳥依人。女生總是要花一些時間在梳妝打扮上，把自己最美的一面展現出來，男生則喜歡用自己的成就、博學來吸引女生的注意。在週末舞會上，漂亮的女生總是頻繁地受到男生們邀請；而高大英俊的男生則受到女生們的「青睞」。

　　正是由於有這種神祕感和一點點的性愛的色彩，而使得大學裡異性之間的友誼讓人感到撲朔迷離。其實，男女之間的友誼不僅僅會被旁觀者誤解，甚至連當事者自己有的時候也搞不清楚，兩個人之間到底是愛情還是友誼。

　　一位大一的女生在求助信中寫到：最近她的心情很不好，總是難以投入到學習中，其原因追溯到暑假時，在暑假回家的途中，和她同班的男同學在火車上向她表示，希望和她發展戀愛關係。但當事人馬上就婉言拒絕了，因為她認為，自己雖然對對方有好感，加上是同鄉，所以平時也喜歡和他交往，兩人關係也不錯，但還沒有達到愛情這樣的程度。假期結束回到學校後，當事人發現那位男同學已經不怎麼理睬她，而且常和班上另一位女同學過往甚密，有時還當著她的面很親熱。於是，當事人感到難受了，她慢慢覺得當初拒絕那位男生可能是個錯誤，並越來越覺得那位男生有很多自己喜歡的地方，甚至覺得自己似乎已經愛上了對方，為此，當事人很苦惱，不知該如何是好。

　　無疑，這位當事人問題的關鍵在於混雜了自己的情感需要。

　　對於友誼和愛情的區別，日本有一位心理學家提出五個指標：

一是主體不同，友情的支柱是「理解」，愛情的支柱是「感情」。友情最重要的支柱是彼此相互瞭解，不僅是長處、優點，也包括短處、缺點。愛情則不然，它是對對方的美化，視作理想對象後產生愛戀，貫穿其間的是感情。

二是地位不同，友誼的地位「平等」，愛情卻要「一體化」。朋友之間立場相同，地位平等，彼此之間無須多餘的客氣，也沒有煩惱的擔憂。可以直率地提出忠告，甚至動怒，也可以義正辭嚴地規勸。有人格的共鳴，亦有劇烈的衝突。愛情則不然，它具有一體感，身體雖二，心卻為一，兩者不是互相碰擊，而是互相融合。

三是體系不同，友情是「開放的」，愛情是「封閉」的。兩個人有堅固的友情，當人生觀與志趣相同的第三者、第四者想加入的話，大家都會歡迎。愛情則不然，兩人在戀愛，如有第三者插入，便生嫉妒心理和排異的行為。

四是基礎不同，友情的基礎是「信賴」，愛情的基礎卻是「不安」。一份真誠的友情，具有絕對的信賴感，猶如不會動搖的磐石。相反，一對相愛的男女，雖不是沒有信賴對方，但老是被種種不安所包圍，比如「我深深地愛著她，她是否也深深地愛著我？」「他的態度稍微變了，是不是還和以前一樣地愛著我？」

五是心境不同，友情充滿「充實感」，愛情充滿「欠缺感」。當兩個人是親密的好朋友時，彼此都有滿足的心境；但當兩個人一旦成為情人時，雖然初期會有一時的充足感，可不久之後，就生不滿足感，總希望有更強烈的愛情保證，經常有一種「莫名的欠缺」尾隨。總之，異性之間不僅有愛情，還有友誼；我們需要愛情，但也不可缺少友誼。有些友誼經過長時間的相處轉化為愛情，而有些友誼則永遠是友誼，不可能是愛情。是友誼就按友誼的規則行事；是愛情就按愛情的規則行事。根據不同的對象，不同的關係性質控制和把握情感、行為的分寸，就不會平添莫名的煩惱。生活也會更

為豐富、充實。

戀愛期的「高原心理」

在經過驚心動魄的熱戀之後，戀人常常會感覺到有一段時期的精神疲勞，心理上產生一種茫然和失落感。既想保持熱戀中的那種甜美，充滿激情的愛戀，但是又感到與戀人交往後失落感愈來愈強烈，總覺得戀人似乎不是那麼的可愛了，其魅力減少了很多，有一種不滿足又茫然不知所措的心理。戀愛者的這種心理，在心理學上稱為戀愛中的「高原心理」。

熱戀前，男女雙方是獨立的個體，相互還比較的拘束，不會要求對方整天和自己廝守在一起，最多只是把對方當作是自己的一個交往對象之一。在這種情形下，男女雙方活動的空間比較大，可以根據自己的興趣自由活動，使人感到無拘無束，輕鬆愉快。

熱戀後，雙方整天廝守在一起，使原來的空間相對縮小，活動的方式也相對改變。這時，雙方就像進入催眠狀態一樣，完全失去了理智和控制，整個生活世界裡只有對方，並且把對方的即使是一個小小的優點無限的放大，滿頭滿腦都是對方的影子，這時兩個人的親密度達到了頂點，可以為對方逃課，可以花去一個月的伙食費給對方一個浪漫的晚餐，可以花去一個下午的時間，跑遍整個城市，為了給對方買一雙好看的鞋子，可以忘掉自己的前途，自己的學習計劃，所有的一切都為兩個人在一起而讓路，兩個人在一起似乎有永遠也說不完的話......但是，那種忘乎所以、失去自我、失去理智、失去生活平衡點的生活不可能持續到永遠，總歸要進入到正常的生活軌道上來。過於親密無間的關係，漸漸的會使得戀愛的雙方，至少是一方感覺到有點不適，甚至會感到壓抑和沉重。這個時候，人會把這種不愉快的情緒向外進行投射，以減輕心理壓力。當

把注意力由戀人身上轉向外界之後再來審視自己愛的人，似乎如夢初醒一般，發現自己迷戀的對方也不是自己所想像中的那麼的有魅力，那麼的可愛。

「高原心理」能導致戀愛雙方做出對對方的錯誤的判斷，如果不能正確地對待它，就有可能使本來很美滿的愛情夭折。

那麼，如何防止「高原心理」影響戀人之間的感情呢？

第一，保持雙方戀愛前各自活動的空間和交往圈。即使是在熱戀中，也應該注意保持雙方的生活空間，這一點非常重要，很多的情侶注意不到這一點，為表現對對方的「忠貞」，或在「愛情專一」、「愛情是自私的」等觀念的影響下，減少了自己的交往對象，縮小了交往範圍，這就使他們的精神生活相對貧乏、空虛，進而產生厭倦情緒。一個人在任何時候都不能失去自我。自己的生活空間和交往圈是自我的一個組成部分，即使在熱戀期，也要注意自己活動的交往圈。

有一對情侶非常相愛，男生非常的愛這個女生，每天早上起來就為她準備好早餐，然後到圖書館佔好位子之後再叫她起床。一直陪她看一天的書，週末陪她逛街，陪她到處玩，他的所有的生活都圍著她轉，自己的同學的聚會也取消了，球賽也不參加了，甚至為了她，他都翹過很多課，向班導師撒過很多次的謊。他對她的愛，讓所有戀愛中的女生羨慕。但是，一年之後，傳來了他們分手的訊息，讓每一個認識他們的人感到不可思議。

仔細想想，是能找到原因的。兩個人整天膩在一起，交往圈越來越小，肯定會讓對方產生一種厭倦的情緒。一個人生活在世上，本來是要靠很多很多的支點才能夠站穩的。比如，親情、友情、事業、愛好等等。僅僅靠一個愛情的支點，肯定會給對方很大的壓力，這樣的愛情行之不遠。

第二，不要對戀愛期望太高。一些言情小說或電視劇裡，總是把戀愛描述得無限美好，似乎戀愛是「幸福」的代名詞。一些初入愛河的男女，幻想戀愛是脫離痛苦、孤獨和追求快樂的靈丹妙藥，對戀愛的期望值定得太高，稍有不愉快就會感覺很難受。很多人會發現，自己在對待同學、朋友態度會非常好，也有耐心，但對待自己的戀人，則非常地苛刻，稍有一點的不合心意就發牢騷，就感覺很傷心，這也是由於對戀愛期望太高的原因。特別是熱戀以後，當對方把注意力轉向其他的時候，會非常敏感，一點小小的變化就能夠體驗到，並且像熱戀時把對方的優點放大一樣，會把對方的忽略行為無限放大，認為對方是不愛自己了。

　　第三，明白男女對待愛情的觀念上的差異。女生在戀愛的開始，對對方的依賴性不是很大，隨著交往的加深，依賴性會越來越大，對愛情的渴望也越來越高，對浪漫的追求也越來越強烈。最終，會失去自我而完全受對方左右。而男生則相反，他們對待感情之事分為兩個階段：在追求過程中，不乏柔情蜜意，對所愛的人愛護備至，對細節非常注意。一旦對方也已經愛上了自己，這個時候會進入第二個階段，他們會把對愛情的渴望轉化為相互的信任，會在不知不覺中轉移目標，再度回到外面的世界中去尋求其他的成就和刺激。因此，當女生感到男生的這些變化時，千萬不要簡單地下結論：「他不再愛我了」，從而產生不滿的情緒，以至於將這種不滿的情緒投射給對方，造成雙方產生「高原心理」。我和男朋友相愛已經三年了，剛開始的時候，我們是「一日不見，如隔三秋」，他總是想盡一切辦法，找各種理由來見我，和我在一起時也很主動，可是，自從我們明確了關係，我感到他不再像以前那麼願與我親近了。

　　我希望像以前那樣成雙結對，他就說「來日方長」；我希望只要有時間兩個人就在一起，他卻說「需要給自己留點時間和空間」。最讓人不能容忍的是，他居然能為了同學的聚會而更改了我

們的約會時間！我問他：「是否另有所愛？」他否認；我讓他解釋這一切，他卻說我不理解他。為此，我們常鬧得不歡而散，我們之間的關係也出現了危機。從心理講，我捨不得這段感情，但是又感覺這份感情已經有了缺憾，放不放棄很矛盾。我真不知道自己該怎麼做日後才不會後悔？

從這個案例上我們可以看出，其實她的男朋友還是很愛她的，只是男女的愛情觀念不同而導致了他們的感情確實有了一點缺憾，唯一可以做的就是要這位求助者能夠轉變觀念，相互理解。

第四，保持自己的獨立性。這一點對女生尤為重要。男性對女性厭倦的一個重要的原因在於女人失去了自我。沒有認識他之前週末你也可以很充實地度過，為什麼談了戀愛之後，週末他不過來陪你，你就很難受，很無聊呢？你是不是已經失去了自我了呢？這樣是不是無形中給了他一種壓力呢？當樂趣轉化為一種任務，當然會令男性感到壓抑了。作為一個女性，一定要讓對方明白你的獨立性。應該給對方一個資訊：「我盼望與你在一起，沒有你，我也能很快樂的過日子。」女性，要信任自己，表現自己，不要一味取悅於對方，也不必處處以他為中心。過於坦白對於增進感情並無幫助，也剝奪了慢慢地瞭解一個人的樂趣。

一個女大學生，在一次高中同學會上認識了她的男朋友，兩個人在相鄰的城市讀書，確立了戀愛關係之後，他們每晚都要打很長時間的電話，每一個週末都見面，那時候感覺很幸福。這樣相處了三個月以後，她漸漸失去了自我，如果哪一晚她的男朋友沒有打來電話，她就不知道晚上要去幹嘛；如果有一個週末因為有事情而沒有過來看她，她就像丟了魂似的，六神無主，不知道自己的週末怎麼打發，什麼事情都做不安。在這樣的誠惶誠恐中，她漸漸變得很多疑，甚至懷疑他會不會騙她。雖然很想念她的男朋友，但是見面之後，總是忍不住地跟他嘔氣。越是這樣，她的男朋友過來看望她

的次數就越來越少，只要能找到藉口，他就不過來了，最終搞得兩個本來很好的戀人不歡而散。

這位女大學生在熱戀中失去了自我，兩個人的關係發展到了「捆綁」和佔有而不是彼此的吸引。這種彼此的束縛當然不可能在愛情之路上走的很遠。

第五，保持神祕感。所謂神祕感，是指由於男女間的性別差異（包括生理和心理）而產生的新鮮、奇特、深奧莫測等體驗。它在整個戀愛過程，都起著一種特殊促進和至關重要的心理作用。

戀愛過程是一個相互瞭解的過程，能彼此認識、瞭解，應該是值得慶幸的，但是，瞭解得過於透徹，甚至一些不需瞭解的也了解了，使彼此的神祕感消失，則對愛情沒有好處。從心理學上講，每一個人都有受好奇心驅使的探究心理，這種探究心理在生活的方方面面都發揮著非常積極的影響。電視劇《玉觀音》裡的男主角楊銳就是基於對女主角安新的神祕感、好奇心，而逐漸地被吸引並最終死心塌地愛上她的。

每一個男女都應該有一個個人的世界，應該有自己一方神祕的、不為任何人所知的天地。

這種神祕感不是固定不變的，其內容不斷地被對方所探究、所發現，變為不神祕的東西，又不斷地被新的內容所充實、替換。而這種神祕感內容的更新，需要靠每個人不斷地用知識、智慧來充實，一些徒有美麗的外表，而沒有豐富的內在修養的人，往往只能夠使人在感官上取悅一時：一旦和他們相處久了，由於知識貧乏，思想沒有深度，缺乏神祕感，便很快失去吸引力。除了加強自身的各方面修養外，還要注意不要過快、過於充分地將自己全部暴露，包括才能、特長、經歷以及肉體等等，要學會細水長流。

為了增強神祕感，保持戀人間的吸引力，可以採用下列幾個具

體作法：

有所矜持。男人的天性就跟賽跑選手一樣，愈難獲得的錦標，就愈覺得珍貴，愈要顯示出他的能力。女人對於一個自己內心所鍾愛的男人，千萬不可以輕易流露好感，就算你內心早已對他芳心暗許，甚至於已是深深的愛上他，也要他費一番工夫去努力追求後，才答應他的追求。讓他覺得你就像一項最難以染指的錦標，那麼當他成功追求到你的時候，便會把你當作如珠如寶，好好地去愛惜。

創造生活情趣，改變單一的、日復一日的、沒有變化的生活。比如，突然地給對方帶來一個驚喜，或者將自己改扮一番裝束，變化一下髮型，或者改變自己的房間佈置等等，都會使戀人感到新鮮和愉快。

親密有間，保持禮貌，彼此尊重。儘管兩人經過熱戀，彼此不分你我，但仍然要像初戀時那樣保持禮節，不要失去原先的溫柔和體貼，因為任何不尊重對方的言行，都會大損自己的吸引力。

偶爾做短暫分離。戀愛不在於朝朝暮暮，俗話說，小別勝新婚。特別在鬧了一些矛盾之後，短暫的分離，不但使雙方都有時間去冷靜地思考、反省，而且，分離後相見時的神祕感也會成倍增長。

肉體接觸不可頻繁。戀愛中的親吻、擁抱、撫摸等之類的性行為，無可非議，它們可美化和促進兩人的愛情，但是，次數不能過於頻繁。這和我們飲食一樣，少吃多味，多吃味少。

失戀本是平常事

「情人的誓言是寫在水上的」，所有的山盟海誓常常都是不堪一擊。

如果再從純理性的角度分析，戀愛本來變是從普通人到夫妻的一個緩衝區。在緩衝區，大家相互瞭解，彼此適應。雙方認可，則成為法律關係上的夫妻，不認可，則分道揚鑣。因此，戀愛成功的概率為50%，結婚，不結婚都正常。從這個意義上來講，失戀本是平常事，就像天要下雨一樣。話是這麼說，可想不通的還是大有人在。面對失戀，有些大學生感到暗無天日，惶惶不可終日。他們中間有的人就此一蹶不振，荒廢了學業，貽誤了工作，有的遠離親朋好友，孤單沉默，以為整個世界都拋棄了她（他），還有的甚至選擇了絕望或報復，在一瞬間扼殺了原本年輕旺盛花樣的生命。讓我們先來看幾個例子：

小雷和女友分手已經快九個月了，可是還是跳不去失戀的陰影。每天腦子裡全是女友的身影。看到了她，就渾身非常緊張，面紅耳赤。自己看書的時候，會常常的想起他們在一起的情景而走神，學習成績一直在下降。工作上，總是丟三落四的，總是會忘記一些事項。現在已經是大三了，隨著專業課的加深，他感到很焦慮，他也很想跳出去，但是不知道怎麼控制自己。

小文與相愛三年的男友分手了，兩個人都很痛苦。小文終日幾夜地流淚，看到任何與之前感情相關的物品和情景都會悲痛不已。小文原本學習很優秀，是個熱情善良的女孩。但經受了這次失戀之後她對人對事的觀點有所改變。她堅持認為這個世界沒有真愛，人與人之間只是相互利用而已，所以對人對事都變得很冷漠，整個人也整日悶悶不樂。

失戀確實是大學生生活中一個沉重的打擊。那種痛苦，那種煎熬可以想像。但是，作為失戀者，我們是不是應該從這種痛苦中吸取一些東西，我們是不是應該冷靜的想一想，我們到底在痛苦什麼？為什麼而痛苦？這樣的痛苦要持續多久？值得嗎？從失戀中我們能得到什麼？

失戀，說白了，就是兩個人在相處的過程中發現了對方不適合自己，而及時明確地告訴對方，僅此而已，這其實是一件很平常的事情。

失戀，從另一個角度來講又是一件好事，至少你知道了，你和對方不合適，你應該再去尋找一個能夠真正陪伴你一生的人。

失戀，對於失戀者而言，只不過是失去了一個不愛他的人；但是對於拋棄者而言，則失去了一個愛他的人，那麼，到底誰的損失大呢？

我們都知道：「世界上沒有誰離開了誰而無法生存」，既然這樣，我們又為什麼要跟一個不喜歡自己的人生活在一起呢？對方給我們一個機會讓我們去尋找真正喜歡自己的另一半不是一件很好的事情嗎？為什麼我們要如此痛苦呢？

「天涯何處無芳草」，我們一生中會遇到無數個人，總歸會遇到一個適合自己的，失去了現在的戀人，只能說明他（她）不適合自己而已。

既然失戀沒有什麼損失，為什麼每一個失戀的人卻是如此的痛苦呢？

我們習慣了對方的關心，照顧，牽掛，不願意回到從前沒有遇到他（她）的狀態中，還沉浸在以前的生活的狀態中，不願意從戀愛的的生活模式中走出來。所以我們會觸景生情，我們會睹物及人，我們會傷心，痛苦，更加的想他（她），甚至連以前的吵架現在回想起來也是那麼的美好。

可是，人不能總是活在過去的生活狀態中，我們要及時地應對現在的環境，生活是自己的，不應該受到別人的左右，即使是你深愛的人。不可否認，調整生活狀態是痛苦的，就像當初我們離開了父母和昔日熟悉的同學走進大學一樣，那種調整的過程也是很痛苦

的，但是我們不還是走過來嗎？為什麼我們現在要進入另一個新的環境中就會感到那麼的痛苦呢？

失戀可以痛苦，但是不能一直痛苦下去。我們要學會坦然地面對現實這是一生中都要學會的一件很重要的事情。有這樣一個故事：

一位父親乘船到海的對面去看自己的兒子，船行到了海的中央時，海上忽然刮起了大風暴，船在海中顛簸，隨時都有翻船的危險，船上的人都嚇得哭天喊地，唯獨這位父親十分坦然，好像發生的一切根本就和他無關一樣。經過一番劇烈的顛簸，風暴終於平息了，船上的人頓時鬆了一口氣。事後，有人問這位先生：「先生，剛才情況那麼的危險，我們隨時都有可能葬身海底，沒想到您卻是如此的坦然啊！」

先生笑了笑，說：「我是到海的那邊去看小兒子的，大兒子不久前已經到天堂去了。剛才我在想，老天爺是讓我去看小兒子呢，還是讓我去看我的大兒子？如果能安全到達對岸就看我的小兒子，當然是好事，如果船在半路上出事了，那麼我就能去看自己的大兒子，這也不見得是壞事啊！」

失戀，證明你真正愛過，這個世界上還有很多的人一生都不曾真正的愛過呢。和他們比起來，你還有值得他們羨慕的地方。分手之後，說不定有一位更適合你的人在前面等著你呢！

專欄

A

在滑雪的時候，最大的體會就是停不下來。當學會了在任何坡上停止、滑行、再停止，這個時候你就會滑雪了，就敢從山頂高速地往山坡下衝。只要你想停，一轉身就能停下來。只要你能停下來，你就不會撞上樹、撞上石頭、撞上人，你就不會被撞死。因

此，只有知道如何停止的人，才知道如何高速前進。

B

人的生命最後的結果一定是死亡，我們不能因此說我們的生命沒有意義。世界上很少有永恆。大學生談戀愛，每天都在信誓旦旦地說我會愛你一輩子，這實際上是不真實的。統計資料表明，大學生談戀愛的100對裡有90對最後會分手，最後結婚了的還有一半會離婚。你說愛情能永恆嗎？所以最真實的說法是：「我今天，此時此刻正在真心地愛著你。」明天也許你會失戀，失戀後我們會體驗到失戀的痛苦。這種體驗也是豐富你生命的一個過程。

C

珍妮是個總愛低著頭的小女孩，她一直覺得自己長得不夠漂亮。有一天，她到飾物店去買了只綠色蝴蝶結，店主不斷讚美她戴上蝴蝶結挺漂亮，珍妮雖不信，但是挺高興，不由昂起了頭，急於讓大家看看，出門跟人撞了一下都沒在意。

珍妮走進教室，迎面碰上了她的老師，「珍妮，你昂起頭來真美！」老師愛撫地拍拍她的肩說。那一天，她得到了許多人的讚美。她想一定是蝴蝶結的功勞，可往鏡前一照，頭上根本就沒有蝴蝶結，一定是出飾物店時與人一碰弄丟了。

自信原本就是一種美麗，而很多人卻因為太在意外表而失去很多快樂。

第七章 未來抉擇，考研究所就業創業全攻略

無可迴避的動機衝突

一生中會有許多次抉擇，大學畢業前的抉擇無疑是最重要的抉擇之一。

一定要把握住！把握好！在這個問題上，我們實在犯不起錯誤。

大學給了我們廣闊的空間，時代給了我們無限的可能，也正是因為這N種可能性，使得我們成為一個矛盾的統一體。諸多的動機和慾望，常使我們陷於動機衝突之中。

心理學上將動機衝突定義為：一個人在某種活動中，同時存在著一個或數個所欲求的目標，或存在兩個或兩個以上互相排斥的動機，當目標不能達到或不能全部達到，動機不能實現或不能全部實現時，就形成動機衝突或心理衝突。

動機衝突主要有三種形態：

1、雙趨衝突

在生活中，有兩個目標或者情境，主觀上我們同時都想接近。但客觀上不可能同時得到，接近其中的一個目標或者情境，就將失去另一個目標或情境。此時，就產生了雙趨式衝突。

正如孟子所言：「魚，吾所欲也，熊掌亦吾所欲也，兩者不可兼得......生，吾所欲也，義，吾所欲也，二者不可兼得......」

在我們的生活學習中，也會經常地遇到這樣的衝突：

既想擔任學生會幹部，又想專心把課業學好；既想好好的準備研究生入學考試，又想多看看找一個好的工作；體育課上，我們既想選修健瑜珈課，又想選修網球課。

2、雙避衝突

在生活中，有兩種目標或情境，同時會對我們發生不利或有威脅的事件，我們都想迴避，但是客觀上不可能同時迴避，我們必須接受其中的一個目標或情境。在面對這種選擇時就會產生雙避衝突。

魯迅先生《野草》中有一篇短文《立論》中很鮮明地體現了雙避衝突。

我夢見自己正在小學校的講堂上預備作文，向老師請教立論的方法。

「難！」老師從眼鏡圈外斜射出眼光來，看著我，說我告訴你一件事──

「一家人家生了一個男孩，闔家高興透頂了。滿月的時候，抱出來給客人看，大概自然是想得一點好兆頭。」

「一個說：『這孩子將來要發財的。』他於是得到一番感謝。」

「一個說：『這孩子將來是要死的。』他於是得到一頓大家合力的痛打。」

「說要死的必然，說富貴的說謊。但說謊的得好報，說必然的遭打。你……」

「我願意既不說謊，也不遭打。那麼，老師，我得怎麼說呢？」

「那麼，你得說：『啊呀！這孩子呵！您瞧！多麼⋯⋯。啊唷！哈哈！呵呵！呵，呵呵呵呵！』」在學校生活中，雙避衝突的情況也是很多的。

我們既不想考試不及格，又不想付出努力去學習。

我們既不想親自參加活動，也不想去當啦啦隊。

我們既不想全部都靠父母養活，因為那樣就顯得太沒有生活自立能力，也不想親自去賺錢，因為那樣太辛苦。

3、趨避衝突

與上面兩種衝突不同，趨避衝突存在於同一個事物或情境之中，是指同一個事物或情境中兩個側面所產生的衝突。我們只希望發生其中的一部分，不想讓它發生另一部分，但是，這兩個側面是作為一個整體而存在，正如一張紙的正反兩個方面，想要的話就都要一起要，想不要的話就一起不要。例如，別人幫我介紹一個男朋友，我們看中他的才華，卻又看不上他的長相。而「他」是一個整體，分不開，拆不散。

生活中，常常會面臨著種種兩難選擇，陷入到種種的衝突之中。有衝突很正常，也不可怕，可怕的是長期陷入衝突之中而不能自拔。長期面臨衝突而不採取對策，或者是消極地等待事情「順其自然」的發展，會對內心造成很大的傷害，也會使前程受到很大的影響。

那麼，我們如何能走出衝突呢？下面的建議或許會對你有幫助：

首先，承認事情的不完滿性，辯證地去看待問題，世界上不可能什麼好事都歸你，壞事歸別人。況且，事情是不斷發展的，也許此時你認為是好事，而彼時則是壞事，世界上沒有絕對的好事，也沒有絕對的壞事，好事中有壞事，壞事中有好事。

其次，根據自己的價值觀念給事物或情境中的好的因素與壞的因素進行權重。只要自己認為利大於弊，就可以去選擇，別老是想著有利而無弊。雖然魚和熊掌孟子都想要，但是在不能同時得到的時候，他「舍魚而取熊掌也」；生與義他也都得不到，在不能兼顧的時候，他「舍身而取義也」。這就是根據他的價值觀念做出的選擇。

價值觀對一個人的決策影響是很大的，面對未來，無論是就業、考研究所、創業，我們都應該根據自己的價值觀念來做出選擇，在做出了一種選擇之後，就應該坦然接受這個選擇所帶來的一切正面的或者負面的影響。

進入大三之後，每個人都不得不考慮自己的前程。是步入社會還是考研究所究所繼續深造？一邊是日益嚴峻的就業形勢，一邊是研究所的枯燥學術之路，還有一種選擇就是創業（這相對人數較少）究竟哪個才是最適合自己的選擇呢？

首先要確立一個觀念，無論是考研究所究所還是就業、創業，說不上誰比誰更好，重要的是對你合適不合適？你要根據自己的個人情況作決定，而不能簡單跟風。適合別人的卻不一定適合你；適合你的也不一定適合別人。你要充分考慮自身的情況，包括：大學就業機會及收入、家庭的經濟情況、自身的活動能力、讀研究所後預期的情形等等，對所有這些都要有個評估。其次，你要儘早作出明確的決定。不能讓自己一直徘徊在就業與考研究所之中，時而想考研究所，時而想就業，結果只有一個：精疲力竭卻一無所獲。

在這裡，我們分別列出考研究所、就業的優勢和劣勢，你可以根據自己的特點，作出決策。

考研究所的優勢：

能夠發展自己對研究的興趣，開發自己的潛質。

提高學歷和自身能力，便於以後有更大的發展空間。

在更高的平臺上發展自己。

可能帶來更高經濟收入。

暫緩就業壓力，可以利用二到三年的時間，增加就業籌碼。

考研究所的劣勢：

考研究所的過程本身會喪失很多的就業機會。

繼續待在學校裡二到三年，工作經驗比同班同學要少很多。

幾年之後的就業形勢很難預料，存在風險性。

經濟成本問題。念書期間，別人都是已經賺錢了，而自己不但沒有賺錢（或者只賺一些生活費）而且還花很大一筆錢。

就業的優勢：

可以解決經濟問題，自己養活自己。

累積工作經驗，不斷發展自己。

擴大自己的交往圈，由學習到工作，不同的生活方式會使得生活更有動力。

就業的劣勢：

發展的平臺較低。單單一個大學學歷含金量實在不是很高，很難成功地敲開理想的用人單位的大門。

很難實現自己的生活理想，往往為了生計被迫工作。

每一種選擇都有利與弊，我們能做的就是把「利」發揮到最大化。如果你認為自己家庭經濟條件不好，大學專業就業不算太差，自己又不太想做研究工作，活動交際能力也還可以，那麼你可以選擇先工作，今後有了一定的基礎再繼續深造；如果你的家庭經濟情

況很好，自己將來研究生的專業一定有升值的潛力，自己又不太能適應社會，那麼你可以選擇先讀研。當然，更重要的是要考慮自己的志趣所在。

　　還有一部分同學在面對就業與考研究所的衝突選擇了先就業再考研究所，即先工作兩三年，有了一定的工作經歷，並且知道了自己到底需要什麼知識然後再選擇考研究所。這個觀點乍一聽似乎很有創意，既滿足了工作的需要，又為將來深造做了準備，但是這個方案的可行性有一定問題。參加工作之後，再考研究所會遇到很多的困難，比如在時間上，一個專心於高壓力工作的人想擠出時間來看書不是一件輕而易舉的事情；在學習上，做好自己工作的同時還要面對高難度的考研究所學習需要更多的意志努力；況且，辦公室緊張或閒散的氣氛都可能瓦解你考研究所的意志和決心，相當數量的大學生正因為此而打消了工作幾年回校考研究所的志向。不過，這種可能性也不是不存在，對於有些人來說，這的確是一種更好的選擇。

決定就業之後

　　雖然現在考研究所是顯學，但就業仍是更多大學生的選擇。當我們站在大三的起跑線上，當我們抉擇的結果是就業，就要開始為自己的職業生涯精心準備了。「人無遠慮，必有近憂」。老人們常說：人生有兩件大事，一是成家；二是立業。可見「就業」在人生旅途中所處的重要地位。

　　隨著高等教育的擴招，大學畢業生的就業壓力越來越大，供過於求，大學生再也不是「皇帝的女兒不愁嫁」了。在尋找就業機會，向社會融合的過程中，我們會經歷很多以前從未體驗過的心理歷程，決定就業之後，要調整好自己的心態，要做好必要的準備。

其一，要有一個很好的職業生涯規劃。

從心理學的角度來講，一個不適合自己的職業，要取得成功必將事倍功半，甚至產生巨大的心理壓力，導致各種心理問題的產生。再轉向其他工作崗位，不但浪費了時間和機會成本，也往往陷入一個兩難境地，再做職業轉型，難度就大大增加了。所以，要找到自己的職業定位，好好規劃自己的職業生涯。我們不是說一定要一次選中，終身不改，只是想強調，事先的慎重考慮很有必要。

另一個建議是：我們在確定自己的目標的時候，不能盲目的追隨潮流，流行什麼做什麼，時代是變化發展的，沒有什麼會永遠盛行的，要結合自己的實際，根據自己的愛好來選擇。

其二，要有一定耐挫能力。

約有90%的畢業生在找工作的過程中自尊心都可能受到傷害，可不要因此失去信心。我們要向著最好的方向努力，也要做最壞的打算。這樣才能夠遊刃有餘的面對找工作帶來的諸多壓力與挫折。

在苦苦尋找工作，在求職戰場上拚殺的過程中，更重要的是對自己心態的調整，堅持再堅持，多一份毅力，多一份理智，多一份細心，成功就會在眼前。

求職經歷同樣是個人學習和成長的過程。生活中的挫折是造就強者的必由之路，挫折是鍛鍊意志、增強能力的好機會。遇到挫折後應放下心理包袱，仔細尋找失利的原因，調整好目標，腳踏實地前進，爭取新的機會。

在就業過程中，在不斷遇到的挫折中，我們會逐漸學會如何包裝自己，如何用適當的語言表達自己，如何調整自己的心態，如何調整自己先前的定位。學會理解理想和現實的差距。

挫折是一種鞭策。雙向選擇的本質意義是一種激勵手段，對優勝者是這樣，對失敗者也是如此。它對失敗者並不是淘汰和鄙視，

相反，促使失敗者振作起來，徹底擺脫「等、靠、要」的就業心態，使自己加快自立自強的轉化過程，成為新時代的開拓者。

其三，不要想著一步登天。

現實生活中職業理想的追求與實現，並不一定取決於職業本身。在中外眾多的偉大科學家們的成長過程中，我們常常可以看到他們當初職業的起點並非那麼「理想」。富蘭克林曾經是個釘書工人，華羅庚初中畢業後便幫助家裡料理小雜貨鋪，也曾在母校幹過雜務。可見，較低的職業起點，並不貶低職業理想的價值，從現實的生活之路起步，也正是大多數科學家的職業理想迸發、形成的環境。

我們不要總想一步登天。第一份工作未必就是理想的崗位。「騎在馬上找馬」也是一種選擇。一個人的職業發展的通路一般是從低到高，有一些「藍領」、「灰領」的經歷對剛畢業的大學生來講並不一定就是壞事。

其四，學會獨立。

在找工作的過程中，最值得信任和依靠的就是自己的實力，不要對任何人有依賴思想。也許有的同學會透過一定的社會關係，依靠自己的父母人脈很容易找到一份社會地位還不錯的工作，表面上看讓人羨慕不已。但是，如果沒有那個實力，在今後工作的過程中會遇到很多的困難和尷尬。況且，不是透過自己的努力找到的工作，本身就沒有什麼成就感。滿足不了自我實現的需要。

每一個人的生活都是自己的，很多的事情都是別人所無法替代的。著名存在主義大師雅斯貝爾斯曾經說過，我們每一個人來到這個世界上都是孤獨的，我們所經歷的痛苦，彷徨，傷心，除了我們自己之外，任何人都無法幫我們。我們的親人，我們的朋友，我們的愛人只能是體驗，但是永遠無法感受，無法分擔我們的痛苦。在

找工作的過程中也是這樣，我們也許透過外在的社會關係進入了一個很多的單位，但是，我們在單位中所遇到的工作上的困境只能自己去解決，如果我們沒有這個實力，這個能力的話，那麼，我們的生活也是很痛苦的。如果有的同學因為自己沒有任何的社會背景而傷神甚至是自暴自棄，那就更不應該了。以一個大學生的身分進入社會，與那些沒有上過大學的人相比，就是一個很好的社會資源。

其五，千里馬，你要引頸長鳴。

韓愈在《雜說》一文中著重強調了伯樂的重要性。「世有伯樂，然後有千里馬」，一匹千里馬如果能遇到伯樂是十分幸運的。然而，「千里馬常有，而伯樂不常有」。確實，慧眼獨具，發現人才難能可貴。同時還需看到，作為「千里馬」，也應該創造一些條件，作出一些舉動，以便於伯樂發現。韓愈文中千里馬的一聲引頸長鳴，使伯樂及時地發現了它的潛質。

翻開史冊，戰國時期的毛遂，三國時的黃忠，還有許多的改革家，這些人無不懷有遠大抱負，但更讓我們佩服的是他們勇於自薦，他們充分相信自己的能力。由於自薦，他們才沒有被埋沒。現代社會中，不再推崇「桃李不言，下自成蹊」、「酒好不平巷子深」的古老格言。現在的社會是一個競爭的社會，在人才濟濟、競爭越來越激烈的情況下，機會不會無緣無故跑到你面前來。如果我們在工作中總是縮手縮腳，不敢大膽表現自己，很多建功立業的機會就會與我們擦肩而過，留下不少遺憾。

現代社會的運作機制是，只有宣傳自己，展示自己，表現自己，才能得到社會的承認，人們常說「是騾子是馬，拉出來遛遛」。這「遛遛」就是要表現或展示自己的才能。當今社會發展日新月異，各種機遇稍縱即逝。與其等待伯樂來相馬，不如不待揚鞭自奮蹄，自我尋找機遇、抓住機遇充分展示自己的才能。因為，「酒香也要勤吆喝」。

作家黃明堅有一個形象的比喻：「做完蛋糕要記得裱花。有很多做好的蛋糕，因為看起來不夠漂亮，所以賣不出去。但是在上面塗滿奶油，裱上美麗的花朵，人們自然就會喜歡來買。」學會醒目地亮出自己，為自己創造機會是實現理想和目標的第一步。

　　有一位海歸派在一所大學裡做演講，做講演的人總希望能夠和聽眾進行交流，可是當他企圖和聽眾交流時，由於怕被提問，大家都選擇了沉默。沒有一個人發問。

　　這位海歸派苦笑一下，說：「我先暫停一下，講個故事給你們聽。」

　　「我剛到美國讀書的時候，大學裡經常有講座，每次都是請華爾街或跨國公司的高階管理人員來講演。每次開講前，我都發現一個有趣的現象——我周圍的同學總是拿一張硬紙，中間對摺一下，讓它可以立著，然後用顏色很鮮豔的筆大大地用粗體寫上自己的名字，再放在桌前。於是，講演者需要聽講者回答問題時，他就可以直接看著名字叫人。」

　　「我對此不解，便問旁邊的同學。他笑著告訴我，講演的人都是一流的人物，和他們交流就意味著機會。當你的回答令他滿意或吃驚時，很有可能就暗示著他會給你提供比別人多的機會。這是一個很簡單的道理。」

　　「事實也正如此，我的確看到我周圍的幾個同學，因為出色的見解，最終得以到一流的公司工作機會......」專家講完故事之後，很多的同學都舉起了自己的手。

　　確實，在人才輩出、競爭日趨激烈的情況下，機會一般來說不會自動找到你。只有你自己敢於表達自己，讓別人認識你，吸引對方的注意，才有可能尋找到機會。是主動出擊還是被動選擇？這在很大程度上決定著你的成功與否。

當然了，引頸長鳴也存在一個技巧性的問題。

首先，引頸長鳴絕不等於喋喋不休的自吹自擂。從人際關係的角度來看，人們特別討厭自吹自擂的人。自我宣傳、自我展示、自我表現應試一種在特定的適宜情景下的自然流露。如果是在行動中，在解決具體問題的過程中表現出來，效果則更好。換言之，在有展露自身機會的時候，不要羞羞答答，左顧右盼，不要有這樣或那樣的顧慮，而要當仁不讓，大膽表現。說不準在哪一日，也搞不清是在哪一天，你的一次自我表現可能就是你脫穎而出的契機，你從此將進入一個新的天地，新的境界。

比如，當你到一個公司求職的時候，老闆或者人事負責人肯定要和你面談，如果他們在看了你的簡歷而對你感興趣的時候，你應該特別的珍惜這一機會。不能受到傳統觀念的束縛，一開口便是「我不行……我不懂……我的知識很淺薄……」誠然，按照傳統的道德行為規範，你會被授予一頂「謙謙君子」的桂冠，會收到幾聲讚美。但是在現代社會中，這一套只會收到「負效應」。作為一個社會組織，當然想自己的單位興旺發達，興旺發達的首要條件是一批精明強幹的員工。「謙謙君子」好看而不實用。這也不行，那也不行的人，是組織的包袱，還可能「成事不足，敗事有餘」。就這樣，你的「謙虛」讓你失去了一次絕佳的機會。

再則，要有團隊合作的精神。你要引頸常鳴，但同時你還要注意團隊合作精神，這也是現代社會所必需具備的生存技能。要在與人合作的過程中展現自己的優勢，而不是為了表現自己而故弄玄虛，或者為了充分的展現自己而孤立的其他人，這樣只能得到其他人的孤立，最終不利於你的潛能的發揮。

現代社會的生活邏輯是，如果你老以自己為『主角』把他人當「觀眾」，則這臺「獨角戲」是唱不久的。沒有人永遠的想做別人的觀眾。要永遠記住平等與相互尊重是人與人相處中的最基本的原

則。

其六，找個好買家，賣個好價錢。

既然讓我們自主選擇，根據人類「趨利避害」的本能，我們就要找一個理想的「好買家」，那麼，究竟什麼樣的買家屬於好的買家呢？

很多人往往以外在的價值判斷為標準，有的認為薪水高的單位就是好的單位，有的人認為社會地位高的就是好的單位。這些想法是不全面的，一個讓人真正滿意的好買家應該具備以下的幾個特點：

第一，買家的工作要與你的志趣相投。你對這份工作本身有一個發自內心的摯愛，而不是因為工作的外在價值所左右。倘若你對這份工作內容毫無興趣，幹起來將十分乏味，也很難把工作做好。

當你對所從事的工作非常感興趣的時候，就能發揮整個身心的積極性；就能積極地感知和關注該職業知識、動態、並且積極思考，大膽探索；就能情緒高漲、想像豐富；就能增強記憶效果，增強克服困難的意志。就能夠調動人的全部精力，以敏銳的觀察力、高度的注意力、深刻的思維和豐富的想像力投入工作，促進你能力的充分發揮。

當你的工作與你的志趣相投的時候，即使十分疲倦和辛勞，也總是興致勃勃，心情愉快。即使困難重重也絕不灰心喪氣，而能想盡辦法，百折不撓地去克服它，甚至廢寢忘食，如醉如癡。愛迪生就是個很好的例子。他幾乎每天都在實驗室裡辛苦工作十幾小時，在那裡吃飯、睡覺，但絲毫不以為苦，「我一生中從未間斷過一天工作」。他宣稱：「我每天其樂無窮」。

第二，買家的工作要能充分發揮你的智力潛能，體現自身的價值。買家的工作應該能夠為你提供可持續發展的空間，或者能夠為

可持續發展提供某一個階段的累積。你能夠看到工作的未來，看到自己事業發展的前景。也許這個工作不是你的終極目標，但是它能夠讓你在這個工作上得到一定的鍛鍊機會和提升範圍，明白這個工作是自己職業不斷成功的重要的有機組成。並不是公司越大，你的發展空間越大。兩者之間並不必然的存在相關性。有些單位很大，名氣也很大，人才濟濟，相比較而言，一個沒有任何工作經驗的你，就顯得不那麼出眾了。你可能得不到磨練自己的機會。所以，這樣的單位也許並不適合你，你到一個小一點的單位會有更多的獨當一面的機會，也許能充分的發揮自己的潛能，滿足你的成就需要。

一個人價值的實現，並不一定看他外在的工作性質，例如，有多高職位、多大的官銜，是否是熱門的、有「面子」的等等，而最重要就是看在你的工作中，能否充分的發揮你的特長，你的聰明才智，在工作中能否感到一種自豪感和成就感。

第三，買家的單位裡，應該有公正合理的激勵機制和相對單純的人際關係。如果這個單位中裙帶關係頗為複雜，任人唯親，獎懲以個人恩怨為標準，那是去不得的。因為，它會將我們大量的時間和精力耗費到毫無價值的爭鬥中去。現代人的時間太寶貴了，精力也太寶貴了，實在經不起這樣的消耗。

具備以上三點的用人單位姑且可以算作是一個好買家了，在找到好人家之後，我們還要保證自己能把自己賣一個好的價錢。

在當今這個社會裡，薪水已經成為衡量一個人價值的重要標誌之一，在和用人單位交涉薪水問題的時候，我們不必把自己裝扮成不食人間煙火的聖人，我們應該坦然承認「賣自己」的原因之一就是為了錢，如果有可能的話就要力爭「賣」一個好價錢。

曾經有一個大學生到一家外資企業求職時，跟老闆談得很融洽，老闆對他也頗為器重。談話結束的時候，老闆問他：「假如你

到本公司工作，你打算每月要多少工資？」也許是中國人謙虛美德的自然流露吧，或者是怕來價高了把老闆嚇跑，他為自己開價每一個月22000。老闆「嗯」了一聲沒有說什麼。結果在安排職務的時候給了自己一個不很重要的職位。他當時就感到納悶，似乎這與先前的談話氣氛不協調。

工作了一段時間之後，他終於大徹大悟。西方人的思維方式與中國人有很多差異，他們的觀點是，你不敢為自己開高價，就意味著你沒有本事，沒有價值，沒有自信。我怎麼能重用你呢？這與價格昂貴的商品必是優質名牌，價格低廉的商品必是蹩腳的地攤貨的道理是一樣的。所以，和用人單位談錢是每個求職者的正當權利，大可不必不好意思。理想的薪酬，應該是用人單位和求職者雙方都能夠接受的，不能讓自己的「謙虛」讓自己受委屈。

當然了，為自己開價，力爭賣一個好價錢，絕不意味著慫恿大家毫無理由的漫天要價。如果沒有那個能耐，卻又亂開價，結果必然是碰了一鼻子的灰，還給了人家留下了一個不好的印象。

在就業的具體準備操作過程中，我們給出以下幾點建議：

第一，專業知識的準備。這些知識是檢驗學生關心前沿技術和科技的程度，所以在平時的生活和學習中應該有意識的培養自己的前瞻性和關注前沿的動態，做到心裡略知一二。

第二，面試前期的準備。這一環節儘量做到點面相結合，這裡所說的「點」是針對就業環節出現的小問題，如著裝、言談舉止等，而「面」主要是針對一些用人單位如職位設定等、地理設定以及經濟實力等背景的瞭解。起主要目的是為了胸有成竹的應對面試。

第三，身體的準備。這一點很容易被忽視，雖然我們每一個人都知道「身體是革命的本錢」。但大學生中很少有人能真正的注意

到健康的重要性。我們應該養成良好的生活習慣，積極參加體育鍛鍊，自覺遵守作息時間，形成學習和生活的規律，做好身體素質的準備。

第四，決定就業的方向和地域。就業，我們就真的要去所謂的大企業，大城市嗎？誠然，大企業、大城市環境好，機會多，待遇也相對來說比較高一些。但是在當前這種激烈的就業競爭壓力下，越是大的企業，大的城市，越是人才飽和、需求飽和。對大學畢業生的門檻也就越來越高，甚至有點吹毛求疵。

針對這種現象，我們是不是應該避其鋒芒，從另一個角度來思考這個問題呢？雖然我們在一個小城市裡，一個不知名的企業裡，可能每一個月的薪水待遇不是很高，但是同時各個方面的消費水平相對於大城市，大企業來說也比較低，生活過得也不錯。

我們為什麼非得讓自己「吊」在大城市裡找工作，非得「掛」在大企業的門外等機會？可能在不知名的企業裡，因為你是為數不多的大學生中的一員，反而會非常的重視你，你會有一種意想不到的成就感。想想自己在什麼職位上可以更好的找到自我的發展空間，也許這個問題比去大城市打拚，比與眾多的人搶一個大企業的用人名額來說更實際一些。

第五，進入人才市場的準備。進入人才市場，意味著「雙向選擇」，意味著競爭。因此要瞭解求職擇業的技能和技巧。準備一份求職材料，寫好求職信和自薦書（實事求是，簡明扼要）。面試時候，舉止大方自然，穿著與身分相符。

決定考研究所之後

從多種可能性中你選擇了考研究所，肯定有你自己的理由，所

以決定了考研究所之後，就不要再左顧右盼了，把自己所有的精力投入到考研究所的準備當中去。

　　既然選擇了就要努力去做，任何有意義的成功都得付出艱辛的勞動，只有付出了努力的成功才能帶來真正的成就感，沒有一個大學生會因為把小學六年級數學題做了個滿分而歡欣鼓舞的。既然選擇了就要對自己有信心，就要有不幹好就決不罷休的銳氣。就要有較恰當的成就動機。

　　心理學研究表明：成就動機高的人追求成功的傾向大於迴避失敗的傾向，成就動機低的人追求成功的傾向小於迴避失敗的傾向。這種不同的成就動機水平在完成任務和選擇目標上有不同的行為表現：成就動機高的人在完成任務上追求成功的傾向強，在選擇目標時選擇難度適中的目標和課題。成就動機低的人在完成任務上防止失敗的傾向強，在選擇目標時，選擇較容易的或較難的目標和課題。

　　既然決定了考研究所，就不要總是想著如果失敗了會怎麼樣，整天在擔心失敗，會影響學習的進度和情緒，到最後失敗往往就會「如期而至」；而強者的思維方式則是經常想著成功了要如何如何，整天在描繪未來的理想藍圖，結果的確經常事隨人願。所以內心對自己的鼓勵非常重要，首先是自己要有自信心。

　　考研究所首先需要一個良好的心態，也許應該把考研究所當作一個過程，結果固然重要，但是這不是考研究所的全部。無論最後是否考上了，努力都不會白費。

　　考研究所是一次漫長的經歷，這種漫長的奮鬥的過程會讓你明白人生的成功不是那麼的容易的，任何的成功都是要付出代價甚至是承受痛苦的；

　　考研究所過程的心情很複雜的，總是充滿著挫敗感，還有很多

的疲憊，不安，急躁和動搖。如果你在考研究所的過程中努力去克服這些追求成功過程中的負面情緒，對你將來做事是很有幫助的。

考研究所的過程也是一種運用策略的過程，考研究所的複習是一個很重的任務，每天要做的事情很多，不可能每一件事都做得完美，畢竟人的精力是有限的，所以最重要的是記得先做最重要的事情，要分析拿幾件事情是對自己最重要的，是左右大局的事情，必須做好它，而其他的則盡力而為就好了，不可眉毛鬍子一把抓，什麼也沒有做好。經過考研究所這個過程的鍛鍊，以後做什麼事情你都能學會運用策略去取得成功。

難怪有人誇張的說，不經歷考研究所就不算是一個完美的人生。

所以，人每次全身心的做一件事情，都會有所收獲，只不過是來的早與晚以及形式不同的問題。

當我們心定下來之後，有了足夠的心理準備之後，我們就要根據考研究所的程式一一的做好準備：一、與學校聯繫，確定具體的學校、專業，獲得具體的考試資訊

先確定大致學校和專業範圍，然後和學校聯繫，獲得最新的招生資訊，然後定下報考的學校和專業。以中國的學習環境為例，獲得有關專業方面資訊的途徑有：

1、招生簡章。一般在7～8月份出，由各個學校的研究生招生主管部門（研究生院和研究生處）公佈。

2、系辦印發的說明和專業課試題集。為了彌補招生簡章的不足，具體的招生單位如系、院、所和中心等會特別公佈一些說明。比如：歷年報名人數、錄取人數、錄取比例、錄取分數、參考書目等等。

3、直接和導師聯繫。

4、與導師的在讀研究生聯繫。

5、各種平面媒體刊登的考研究所資訊。

6、網站。現在有很多考研究所的網站，能提供很多資訊。

複習準備：獲得了充分的專業課資訊，找到了完備的複習資料後，就該踏實看書複習了。這個環節非常重要，並且非常漫長，是對身體、精神、意志、綜合實力的嚴峻挑戰。直接影響考研究所的成敗。既然選擇了遠方，便只能風雨兼程。一旦確定了目標，便要義無反顧地投身到複習中。複習，當然要腳踏實地，認認真真。

報名：每年的時間不確定，一般是在11月。

筆試：初試一般在1、2月份，春節前1、2個星期。考試地點一般都在本校。

調劑：從初試成績出來到發複試通知的這一段時間很關鍵，如果名次不是特別理想，錄取在兩可之間，就要多和報考單位（系裡）和導師多聯繫，如果沒有錄取的可能要主動聯繫調劑到別的學校。

複試：複試一般在3月前後，一般是等額面試，少數熱門的專業會選擇差額複試。

錄取：複試通過後，將發函到你的地址及發放錄取通知書。

決定創業以後

在大學生的擇業過程中，有一部分的大學生決心創業，這對於二十年以前畢業的大學生可能想也不曾想過，但是在二十一世紀的今天，大學生創業已經成為一種不可抵擋的潮流，一些大學生以自己的壯舉實現了從象牙塔裡走出來的大學生也能勇敢創業的諾言，

而且取得成功。

在創業所需要的素質中，創業者的心理素質在創業過程中始終有著主導和關鍵的作用。創業者的心理特徵包括以下幾個方面：

第一，開拓創新，競爭進取。創業是在一無所有的基礎上開創自己的事業，因此開拓精神是創業者首先要具備的。另外還要有一定的競爭意識。因為，只有在競爭中才有生存的可能；競爭會產生壓力，壓力能夠使創業者具有對於新事物的敏銳直覺和不斷發展事業的激情。

第二，自信果斷，堅持不懈。當大學生選擇了創業這條路的時候，實際上就已經具備了相當的自信──相信自己的能力，相信自己創業能夠成功，相信透過創業，明天會更好。在創業的過程中會遇到許多的困難，有的困難我們可以預計到的，而有的困難我們無法預料的，所以在創業過程中，尤其需要一種韌勁，認準了方向，就堅持不懈，勇敢地走下去的品質。

當然，堅持不懈不等於固執。堅持是遇到困難時候的堅持，而固執則是明知道自己走的方向是錯的由於礙於面子而仍然堅持。

新東方學校創辦者俞敏洪，他的成功與他的自信和堅持不懈的心理素質是分不開的。從小他就是那種認定了目標就一定要達到的那種人。他是參加了三次大學才走進北大學堂的孩子，或許，如果他不堅持要進北大的話，一次大學就可以達到目的，但是，他認定目標就堅持到底，正是這種心理素質，使他在新東方創辦之初，獨自一個人騎著單車在北京的冬天遊說奔走，也最終使他創辦的新東方獲得很大的成功。

第三，樂觀開朗，沉著應對。樂觀能夠使人從容的面對困難，正確的對待挫折，在創業的過程中，挫折和困難是不可避免的，如果因為一點點的挫折就產生一種消極悲觀的情緒，這對於創業時非

常不利的。在新東方校園裡也有一句膾炙人口的校訓：「追求卓越，挑戰極限，從絕望中尋找希望，人生終將輝煌。」我相信，這句話不僅僅是俞敏洪自己對人生的總結，更是許許多多的創業者的人生寫照。

第四，團結協作，踏實肯幹。

團隊精神是創業取得成功的重要保證，幾乎所有的創業者初期都有過發揚團隊精神，艱苦奮鬥的經歷。如果一個集體沒有團隊精神，缺乏團結協作的品質，而要取得創業成功幾乎是不可能的。

創業是一項非常艱難的過程，尤其對於沒有任何工作經驗和社會經驗的大學生而言，僅僅有著很好的心理素質和滿腔的熱情是不夠的，還應該充分的認識到以一個大學生的身分創業會遇到哪些困難，專家認為，一般而言，大學生在創業過程中會遇到以下五個「攔路虎」：

一是缺乏啟動資金。除了家庭資助，絕大部分創業大學生沒有其它經濟來源。目前，也有一部分大學生透過打工積攢下來部分資金，但創業初期的開銷，經常會遠遠超支。

二是缺乏市場經營經驗。大學生有激情、有抱負，但在實戰中往往是「眼高手低」，對具體的市場開拓缺乏經驗與相關的知識，在創業過程中很可能會因「紙上談兵」而敗北。

三是心理承受能力弱。從小學到大學，十幾年的學校生活，相對風平浪靜少有挫折，在這種大環境下，大學生創業者們也普遍比較脆弱。其實無論何種創業都會有風險，創業的同時即應該有「風險意識」，要能承受住風險和失敗，能夠經得起市場的錘鍊。

四是創新能力不強。大學生創業失敗的多，一個重要原因就是忽視技術創新。很多大學生只看到他人成功後的表象，不顧時間、地點的差異，盲目照搬照抄別人的經驗，結果「畫虎不成反類

犬」，自己的優勢沒有得到充分發揮，步他人後塵。

五是所學知識與實際運用聯繫不緊密。很多大學生創業者的實際創業項目和自己所學專業不相符，或是自己所學的學科知識用不上。如此的「不搭界」既是所學知識資源的浪費，又是對創業時機的延誤。

雅虎創辦人之一楊致遠指出：創業者成功機會非常少，不管是在全世界任何一個國家，創業能做到一個小成功，大概只是十分之一，中成功是百分之一，大成功大概是千分之一、萬分之一。美國有統計表明，要成為企業家，失敗率是99%，只有1%的企業家能在市場上生存5年或者更長時間。

既然創業成功的前景看起來如此暗淡，為什麼還有眾多的人選擇了這條人跡罕至的路徑呢？心理學研究表明：每一個人都有自我實現的需要，正是這種需要是創業者最主要的原動力；每一個人都不希望受到他人的控制，都嚮往自己，創業使得創業者能夠自己控制自己的工作，自己決定何時何地怎樣工作；即便創業失敗，但是其所帶來的有益經驗會使創業者學會更好地應對失敗，恢復得比以前更堅強，而這正是企業家所需的品質之一。

「羅馬不是一天建起來的」，創業是一個複雜、艱辛的歷程，當你決定創業之後，就應主動地培養自己的創業素質，掌握一定的創業技能，進而享受創業和創新所帶來的無窮樂趣。

專欄

A

一天，一個人當著釋迦牟尼的面心懷叵測地破口大罵。然而，不管他的態度如何惡劣，出語如何骯髒，釋迦牟尼始終一言不發，微笑著面對他。等他罵累了停下來時，釋迦牟尼才開口輕聲問他：「我的朋友，如果有人要送禮物給別人，可是別人並不接受，請

問，禮物該屬於誰？」那人沒有想到釋迦牟尼有此一問，便不假思索地回答說：「對方既然不願意接受，當然仍屬於送禮的人。」釋迦牟尼繼續微笑著說：「你剛才的言語我不接受，那麼，這些謾罵之詞又屬於誰呢？」

B

有一個人經常坐火車，經常買不到對號入座的車票。可是無論長途短途，無論車上多擠，他總能找到座位。

他的辦法其實很簡單，就是耐心地一節車廂一節車廂找過去。這個辦法聽上去似乎並不高明，但卻很管用。每次，他都做好了從第一節車廂走到最後一節車廂的準備，可是每次他都用不著走到最後就會發現空位。他說，這是因為像他這樣鍥而不捨找座位的乘客實在不多。經常是在他落座的車廂裡尚餘若干座位，而在其他車廂的過道和車廂接頭處，居然人滿為患。

第八章 陽光心態，心理糾葛並不難應對

引言

世界是何等地複雜，生活是如此之艱辛，人們又有七情六慾，在生命的某些階段，不可避免地會出現這樣那樣的心理糾葛。

為之所困擾，身心則倍受煎熬；跨越了它，人生則走向成熟！

世界上只有一種人沒有心理糾葛，這種人是白癡。有心理糾葛並不意味著你就是患上了某種心理疾病。心理糾葛與心理疾病有相似之處，卻有著本質區別。當然，這並不意味著我們可以不去正視它，不去嚴肅認真地應對它。以下所述，是大學生常見的一些心理糾葛，我們將對之作出描述、解釋，並提出應對策略。

孤獨

孤獨是一種以孤單、寂寞，遠離人群為特徵的消極心態。

在現代社會中，孤獨是一種社會病。著名未來學家阿爾溫·托夫勒在《第三波》一書中寫道：「蒙受孤單的苦楚，當然很難說是始自今天，但是現在孤獨是如此的普遍，竟然荒謬地變成人皆有之的經驗了。」他還指出，孤獨是一種世界性現象，孤獨感像一場瘟疫蔓延開了。他形象地說道：「從洛杉磯到列寧格勒，十幾歲的青少年，不愉快的配偶，單身的父母，普通的員工，以及上了年紀的人，都抱怨社會孤立了他們，父母親認為子女忙得沒有時間來看望他們，甚至沒有時間打一個電話。在酒吧間和自動洗衣店中，寂寞

的異鄉客傾訴心裡話，一位社會學家稱之為『悽然寡歡，心亂如麻』。那些獨身俱樂部和唱片夜總會，成了絕望的離異者的肉慾市場。」

對於人類而言，孤獨是一種「酷刑」。

日本廣島大麗杉本助男教授曾採用密室法，系統觀察了受試者在孤獨的、低刺激環境下心理狀態的變化。實驗方法是把受試者連續三天單獨關在一間密室裡。實驗第一天結束時，受試者一般都已回憶到很久以前的事了，包括幼年時代的事情。到第二天，那些回憶和思考便不能繼續下去了，往往被中途打斷。這時受試者就得衝動起來，在屋裡徘徊不止，時而大聲叫喊，時而用手敲打牆壁，而且越來越嚴重，同時聽到周圍根本不存在的聲音，還懷疑別人在他的食物中放了毒藥。

孤獨者往往經歷著一種不愉快的情緒體驗，他們總是把自己的心靈禁錮於自己鑄造的高牆之內，悄悄舔舐著心靈的創口……

一位剛剛進入大學的同學在日記中寫道：為什麼孤獨悲觀的陰影一直籠罩在我的周圍，看著同宿舍的室友一起說笑，一起吃飯，我覺得有一種難堪的威脅，感覺這裡沒有一個可以交心的朋友。面對陌生的同學，感覺他們似乎都抬起了得意的面孔在威脅著我，世界上只有我一個人是伶仃孤獨的，這種奇特的、敏感的、柔弱的感覺常常使得我近乎狂亂，內心竭斯底里地想狂喊亂叫，我喜歡一個人待著，感覺自己好孤單，好孤單……

很顯然，這樣一種情緒體驗，會對自己的大學生活產生嚴重的負面影響。進入大學，學習專業知識，專業技能固然重要，但培養良好的社會適應能力、保持良好的心理狀態、學會生活也不可忽視。從某種意義上講，後者比前者還要重要。一位教授曾經說過：「知識是可以速成的，而人格卻不可以速成。」

大學生孤獨體驗的產生，主要有以下兩個原因：

其一，心理「斷乳期」而導致的自我認同感喪失。

心理斷乳期的正常年齡是十四五歲，這一時期，青少年渴望獨立，想要自己處理問題，但往往又感到力不從心，從而產生一種茫然、失落、孤獨無援的感受，彷彿失去了枴杖，無所依託。但這時，中國的青少年正處初、高中階段，中考、大學的壓力使他們受到特殊的照顧，一直過著衣來伸手，飯來張口的生活。很多的大學生到入學之初才產生真正的心理斷乳的恐慌。在開學的前幾天，那種接到了錄取通知書的喜悅與興奮會漸漸的轉化為內心的緊張和惶恐不安。這種不安如果及時地得不到排解，在一個陌生的城市，陌生的環境中很容易衍生孤獨的情緒體驗。

其次，大學生自我意識的發展，在心理上出現「閉鎖性」。

大學時期是最渴望友情和愛情的時期，特別是在剛剛組建的集體中，非常期待得到同輩群體的認同，獲得歸屬感。每一個人都渴望得到友誼和愛情，渴望自我價值的實現，渴望與朋友探討人生，分享快樂，渴望成為群體中受歡迎與尊敬的人。然而，由於大學生自我意識的發展，他們又存在心靈閉鎖的傾向，他們總是不經意的把自己的心思深藏起來，與同學交往過程中總是存在戒備心理，有意無意的保持一定的距離，不能夠完全地敞開心扉與同學交流思想。許多大學生感嘆，大學的交往沒有中學時候真誠。由此而產生一種錯覺，認為自己處理不好人際關係，這樣一種挫敗感會使得許多的大學生陷於孤獨之中。

一個人長期被孤獨心態所籠罩，不僅會導致心理失衡、精神壓抑，影響潛能釋放，而且會引起一系列心理問題。為排遣孤獨，我們試提出以下建議：

第一，敞開心扉，走出自我。

「朋友，你說生活是一片沙漠，那是因為你的心中缺少綠洲；朋友，你說滿眼都是陰影，那是因為你總是低著頭走路。」之所以感到孤獨，是因為你關閉了心靈的視窗。要走出自我，把自己融入到集體的海洋之中，這是戰勝孤獨的根本。我們要與所處的環境保持接觸，一個人與外界的交往越多，就越容易被別人瞭解，也就越容易透過他人瞭解自己，進而不斷的完善自己。不要有太強的防範意識，不要在心中築起一道屏障，掩飾自己真實的感情和想法。

第二，找到自己的興趣愛好。

大學裡，會有很多的社團活動，要找到自己的愛好，這樣先和與你有共同的愛好的人交流，有共同話題，同時也會給自己帶來很多的自信。掌握了一定的交往技巧之後，然後再慢慢的擴大自己的交往圈。漸漸地你會發現，原來自己在很多的場合正是別人所需要的人。

第三，克服自己的缺點，不斷完善自己。

要學會克服自己的缺點，不斷地完善自己。一個自命清高的人，往往使人望而卻步，恃才傲世的人，往往使人敬而遠之，自私刻薄的人，會招人反感。要樂意接受別人的提醒和批評，只有具備了改正自己缺點的勇氣和行動，才能吸引朋友來幫助你，從而造就良好的人際關係，有了良好的人際關係，自然就不會產生孤獨的感覺。

第四，建立外鬆內緊的「心理防衛圈」。

大學生又想要個性，又怕孤獨。怎麼辦？有一個可行的選擇就是建立外鬆內緊的「心理防衛圈」。外鬆，使人們可以建立廣泛的關係，有效地排遣令人難耐的孤獨；內緊，可以維護自己的獨立性與個性，使自己不被群體所「淹沒」而喪失自我。

第五，增加自我開放度。

我們不必整天把自己裝扮成一副正人君子的模樣。在適當的時候，適當的情境中，我們可以向他人吐露心聲，可以暴露自己的缺點與不足，可以表現出自己個性中的弱點。讓別人所看到的自己，不是一具由道德和規範組合而成的木偶，而是一個活生生的、有血有肉的人。

任何事物都有兩面性，孤獨也有其積極的一面。海明威曾經說過：「寫作，在最成功的時候，是一種孤寂的生涯。」愛因斯坦也曾經說過：「千萬記住，所有那些品質高尚的人都是孤獨的—而且必然如此—正因為如此，他們才能享受自身環境中那一塵不染的純潔，對事物作遠景的透視。」可見，對於某些人來講，孤寂可以使他們潛心的研究攻讀一門學問，專心的學習一門外語，或悉心的鑽研一門技術，或靜心編纂一本著作。

焦慮

在他人眼裡，大學生是無憂無慮一族。可真實的情況是：在大學校園裡，能有幾人未曾焦慮。

心理學家對焦慮的界定是：焦慮對當前或預計到的對自尊心有潛在威脅的任何情境具有一種擔憂的反應傾向。這裡必須把焦慮與各種擔憂反應區分開來，確切地說，焦慮指的是對自尊心的威脅，而擔憂通常是指對身體健康的威脅。例如，當一個人在黑夜裡行走看到猛獸時，這個人會感到十分擔憂，而當一個人體驗到或預料到失敗而喪失自尊心時，則會感到焦慮。

提到焦慮，也許有的人就認為是一件壞事，對身體，心理會造成很大的傷害和阻礙。其實並不是這樣。焦慮對人的行為的影響是非常複雜的，它可能是一件好事，也可能是一件壞事。

人在焦慮的時候會引起應激反應。這可使潛能得到更充分地釋放。運動員參加百米賽跑，起跑之前，他們就開始緊張，腎上腺素分泌增加、心跳加快、肌肉緊張，全身所有的器官進入「臨戰」狀態。一聽到發令槍響，他們就像一支離弦之箭。學生考前比較容易出現焦慮，結果是學習效率高了，平常不容易記住的東西一下子就記住了。這樣就能夠比較快地做好考試前的各項精神準備，進入考試狀態。

　　過度的焦慮則會傷害人們的自尊心，破壞人們的情緒，使人們的行為遇到那些不必要的內部困難與阻礙。因此，焦慮與人們行為之間的關係是非常複雜的，要視許多因素而決定。

　　在這些因素中，最主要的兩個因素就是焦慮的水平與能力的狀況。

　　先來看焦慮水平的影響。

　　心理學家曾把具有不同焦慮水平的人分為三組：即高焦慮者、中等焦慮者、低焦慮者。考察他們的行為效率，結果發現：高焦慮者，由於其焦慮水平過高，造成了個體的過度緊張，甚至引發個體的恐慌，這使得他們的注意力為激動不安的情緒所左右，認知活動不能正常進行，常常出現一些機械、重複、混亂的動作，在這種情況下行為的效率必然下降。但焦慮水平如果過低，人們的心理負擔過小，不能喚起行為所需要的足夠的熱情，其行為也必然是低效的。一般說來，中等強度的焦慮水平，能使人們維持一定的緊張度，並以此作為注意的基礎，使個體的注意力能專注於當前的活動，從而促進行為效率的提高。

　　再來看能力水平的影響。

　　並不是在任何情況下，對任何人來說，都是以中等強度的焦慮水平最為適宜，最能對行為的效率起到促進作用。這裡面還有一個

很重要的因素——能力水平在起作用。

對於低能力的人來說，焦慮對行為效率有著較大的破壞作用；對於高能力的人來說，焦慮水平對其能力則有著很大的促進作用。在將能力因素考慮進去以後，焦慮與行為效率的關係就呈以下四種形態。

低能力與低焦慮水平相匹配，行為必然是低效的。

低能力與高焦慮水平相匹配，一則行為是低效的，二來個體在心理上的壓力將更為加重，並很可能演化為過敏性焦慮。

高能力與低焦慮水平相匹配，個體可能很容易體驗到一種滿足感，但其行為結果將不可能達到應有的高度，換言之，他們埋沒自己的才華。

高能力與高焦慮水平相匹配，將能最大限度地發揮出他的聰明才智，把自己的潛能充分挖掘出來，大凡那些取得重大成就的人，多為這種焦慮與高能力相匹配的心理模式。

從以上闡述可知，有些焦慮完全是正常的，我們不要一發現自己焦慮就緊張起來。相反，在有些情況下，該焦慮而不焦慮到是不正常的事。再則，每個人的能力水平不同，焦慮對他的影響不一。同樣的焦慮水平，對一個人來說可能是壞事；對另一個人來說可能是好事。

我們所要對付的，是那種過敏性焦慮。有過敏性焦慮的人，總是擔心事情會出現最壞的結局，時刻期待著不幸的到來。他們的注意力不是集中於解決問題，而是擔憂已經受到傷害的自尊心再次受到傷害。例如，考試之前他不是忙複習，而是終日在擔心、在想像考不及格怎麼辦？長期的處在這種過敏性的焦慮狀態中，時間長了，就失去了理性的思維，不知道具體的問題是什麼，應該如何解決。

關於應對過敏性焦慮的策略，有人提出以下建議：

其一，弄清事實。

第一步：評估

我怕什麼？（或是我焦慮什麼？）

我為什麼怕？（或是為什麼會焦慮？）要對這些做直截了當地探索，越具體越好，最好拿出紙筆來，清楚地寫下來，問題才會明朗，僅用頭腦想是不夠的。

第二步，理解

縱然我所怕的事情真的發生了，或是最壞的結果發生了。是否真的是那麼可怕？

他人是不是也經過類似的遭遇？他們是不是就完蛋了。

如果真的發生了，我後來就無法活下去了嗎？

評估及理解是很重要的消除焦慮的兩大步驟，因為只有面對根本可能發生的最壞後果，我們才能從容地面對現在。

第三步，再次評估現在的情況

現在的真正問題是什麼？

問題的起因是什麼？

解決的辦法有哪些？

我決定用哪種辦法？

什麼時候開始做？

其二，增強自我效能感。

過敏性焦慮的人，最關鍵的表現就是對自己的能力及其成就行為缺乏信心，增強自我效能感的最好方式就是多增加成功的體驗。

我們可以把工作分為若干個子目標，每個子目標的實現難度都不大，這樣我們可以多多體驗成功，從而促進自我效能感的增長。

其三，降低期望水平。

如果一個人的期望水平過高，那麼他體驗到的只能是一次又一次失敗。有個師範院校的學生對我說，他希望自己第一次上講臺，能像系裡一位老師一樣口若懸河、出口成章；像另一位老師一樣氣定神閒，揮灑自如。我說，這絕對不可能！如果你把第一次講課定位於這樣的水準，結果只能是失敗。這樣的焦慮，可以說是自找的。

其四，避免自尊心過強。

我們是要聽別人的評價，尤其是負面的評價，但對這種評價切切不要過於敏感。別人說我們要聽，但「聽」不意味著「信」。更不要「迷信」。至於對別人的評價耿耿於懷，就更沒有心要了。

憂鬱

憂鬱現象在大學校園裡可不少見，更為嚴重的憂鬱症在大學生人群中也時有發生。本來，憂鬱就被稱之為「小資病」嘛。有史以來，憂鬱一直折磨著人類。早在2400年前，希臘著名醫生希波克拉底，就已經將憂鬱界定為一種氣質類型，稱為憂鬱質。

先來看心理學家對憂鬱現象的解讀。憂鬱是指在引起消極情緒的情境得以改善之後，個體仍表現為沮喪、灰心、無望，對周圍的事物和活動缺乏興趣，同時伴有自卑和自罪感，甚至有自殺企圖。這裡特別需要重視的是「引起消極情緒的情境得以改善之後」這一限定語。如果我們所面臨的情境非常惡劣，由此而引發種種消極情緒，這是正常反應，而不是病態。比如：你在一次重大考試中沒有

過關，情緒低沉，鬱鬱寡歡，這沒有什麼不合適的。相反，你無動於衷，還在那裡傻笑，到是值得重視，有必要去心理諮詢了。只有在這個不良情境已經過去了，你還繼續消沉，情緒不良，那才能算是憂鬱。

憂鬱不僅僅是情緒問題，它還影響了我們的感知、思維，也影響我們的精力、注意力集中程度、睡眠狀況以及生活的方方面面。美國心理健康研究所指出，嚴重的憂鬱還會表現出下列典型症狀：

睡眠習性明顯改變；

沒有胃口，或體重下降，或兩者同時出現，又或吃得太多，體重增加；

持續的憂愁，焦慮或空虛感；

感到無望悲觀；

疲勞或精力減退；

想及或談及死亡，自殺意圖，或者表白了自殺意圖，甚至已有行動。

憂鬱對我們的心理生活會產生許多不利的影響，主要表現在以下幾個方面：

動機。憂鬱影響我們做事的動機。我們會感到自己態度冷淡、無精打采，對大部分事情都提不起精神來——似乎沒有什麼事情值得去做，甚至覺得連嘗試都沒有必要。

情緒。憂鬱的核心症狀被稱為「快樂缺失」，意指喪失體驗快樂的能力。我們會感到生活變得異常空虛，毫無快樂可言。另一方面，儘管喪失了體驗快樂的能力，但對不快樂的感受卻是與日俱增，變得易激惹怒。或許會將滿腔的不滿與憤怒悶在心裡，有時卻又變得異常暴躁。與憂鬱如影隨形的另兩個常見症狀是焦慮和恐

懼。憂鬱的時候，會變得脆弱。過去很容易應付的事情，現在卻莫名其妙地令人恐懼。因此，焦慮和恐懼是憂鬱的重要組成部分。此外，與憂鬱相關的其他消極情緒還有悲傷、內疚、羞恥、嫉妒等。

思維。憂鬱透過兩種途徑影響我們的思維。

首先，它影響注意力的集中程度和記憶力。我們會發現自己無法集中精力去做任何事情，包括看書和看電視。我們的記憶力也變得很差，容易遺忘。即使我們回憶起一些事情，也多半是消極和令人不快的。

憂鬱影響我們思維的第二種途徑是，它影響我們對自己、對未來乃至對整個世界的看法。幾乎沒有什麼人在憂鬱的時候自我感覺良好。通常他們都會將自己視為沒有長處，滿身缺點、毫無價值。憂鬱也會使我們產生極端的思維方式，我們的思維變成了「全或無」的模式——我們要麼是個完全的成功者，要麼是個徹底的失敗者。

想像。當陷入於憂鬱之時，我們產生的想像是在一片烏雲籠罩之下，或說自己像是陷在深坑裡，或被關在黑暗的屋子裡。邱吉爾稱他自己的憂鬱為「黑狗」。憂鬱時的想像無外乎是黑暗，無法掙脫束縛。如果讓你用繪畫描述憂鬱，你很可能使用陰暗晦澀的顏色，而不是明麗的色彩。黑暗、受困是憂鬱時最主要的想像內容。

行為。當我們憂鬱之時，行為方式也產生了一些變化，我們不大會參加積極的活動，相反，我們儘量避免交往，將自己隱藏起來。許多以前樂於從事的活動，現在卻變得令人難以忍受，因為任何事情做起來都太費力，我們做的似乎比以往更少。我們對待他人的方式也發生了變化。我們會發現自己與他人正向的交往減少，與他人的衝突不斷增多。如果因之感到焦慮，就會避免與他人接觸，進而喪失對交往的信心。

憂鬱的人有時會變得緊張不安，難以放鬆。他們感覺自己如同困獸，四處走動，想做點什麼，卻不知道該做什麼。有時，想逃出去的想法非常強烈，但是對逃到哪裡去，去做什麼卻不清楚。另一方面，有些憂鬱的人會變得反應遲鈍，走路緩慢，時走時停。他們的思維也會變得遲滯，對任何事情都感到「沉重」。

　　憂鬱也不是有百害而無一利。它可以讓我們放棄不大可能實現的追求，接受現實，並且盡力的改變它。例如：當我們失去親人的時候，我們會感到悲痛，我們一旦陷入悲痛狀態，就會變得焦慮、痛苦，覺得生活毫無意義（至少一段時間內如此），最後陷入憂鬱狀態。但是，悲傷和痛苦同時讓我們認識到，「依附關係的喪失」非常令人痛苦，我們需要親密關係的支援，因此我們就會主動的尋求良好的人際關係，進而幫助我們重新建立關係。

　　憂鬱現象非常普遍，但並不可怕，只要及早予以科學地應對，會很快好起來的，哪怕是已經達到了憂鬱症的程度。問題在於許多人採用的是消極應對方式，導致問題愈來愈嚴重。

　　美國心理健康研究所做了一個全美調查，發現只有三分之一的憂鬱病人曾經就診。可是，一旦獲得了治療，有八九成的病人可因新藥物和療法而病況緩解，而且只要周圍的人及早地注意到這個問題，而病人也立即的開始治療，甚至可以不再復發。這種情況若不醫治，便會經常的復發，而每復發一次，再次復發的機會也隨之增加，第一次發作未治的人，有半數的人會第二次的復發，第三次的發作後，有90%的人可能有第四次發作。因此及早地治療非常重要。

　　關於憂鬱，我們給出以下的對策：

1、把複雜問題分解成簡單問題

　　以購物為例，出發前，儘量先別想這事會多麻煩。相反，先看

一看你的記事本，列出購物清單。這樣做完後，你可以給自己一個鼓勵，畢竟你比剛才前進了一步。接著，帶上袋子和其他東西去購物。路上，你要想著自己已經做好了購物準備，要儘量避免思考在商場裡購物可能遇到的麻煩。到了商場，慢慢地逛，直到把購物單上的物品全買完為止。

研究表明，憂鬱的時候，我們喪失了制定計劃、有條不紊做事的習慣，變得很容易畏難。對抗憂鬱的方式，就是有步驟地制定計劃。儘管有些麻煩，但請記住，你正訓練自己換一種方式思維。如果你的腿斷了，你將學會如何逐漸地給傷腿加力，直至完全康復。有步驟地對抗憂鬱也必須是這樣的。

2、計劃一些積極有益的活動

憂鬱的時候，我們常會感到，自己不得不做一些令人厭倦的事情。現在，儘管令人厭倦的事情沒有減少，但我們可以計劃做一些積極的活動，即那些能給你帶來快樂的活動。例如，如果你願意，你可以坐在花園裡看書、外出訪友或散步。有時，憂鬱的人不善於在生活中安排這些活動，他們把全部的時間都用在痛苦的掙扎中，一想到衣服還沒洗就跑出去，便會感到內疚。其實，我們需要積極的活動，否則，我們就會像不斷支取銀行的存款卻從不儲蓄一樣。積極的活動相當於你在銀行裡的存款，哪怕你所從事的活動，只能給你帶來一絲絲的快樂，你都要告訴自己：我的存款又增加了。

3、提高活動水平、分散注意力

大腦處於憂鬱狀態的時候，我們滿腦子想的都是生活中的消極事件。有時，我們甚至會陷入絕望。如果你發現自己的思維處於消極事件的漩渦中，你應馬上做一些事情分散自己的注意力。否則，這些消極思維將不停地在你腦中閃現，使你的情況變得更加糟糕。因此，你需要從事一些體力活動，以分散你的注意力。比如跑步、跳健美操、整理家居裝飾等。任何包含身體運動的活動郡會有

益處，如果你因憤怒或挫折而陷入緊張狀態，體力活動將是能幫助你的最好方法。

4、創建「個人空間」

我們常忙於滿足他人的需要，以至於沒有給自己留下足夠的空間。我們忙得疲憊不堪，想逃離這一切。任何人際關係都會時不時地出現緊張。如果你懂得在人際關係中為自己留有一份空間，你將會減少自己潛在的不滿及想逃避的慾望。

5、瞭解自己的極限

很多的人因過度勞累而感到自己無法應付。許多憂鬱症患者是真正的戰士：很少憂鬱的人把腳放在桌子上，安然享受休憩的時光；也很少有憂鬱的人能意識到自己的極限。有時，這與完美主義密切相關。專家喜歡用「燃盡」一詞描述那些處於被挖空狀態的個體。對一些人而言，「燃盡」是憂鬱的導火索。無論是忙於社會活動，還是忙於學習，你一定要記住：你與其他人一樣，所能做的工作是有限的。

6、解決睡眠障礙

睡眠狀況因人而異，睡眠模式是完全個人化的。你不必為沒有足夠的睡眠而擔憂，柴契爾夫人每天只睡4個小時。你應當把睡眠看作是需要調整的一種行為方式。如：睡前喝一杯牛奶或許會有助於睡眠。你應當確保床鋪舒適，室內通風良好，培養有計劃睡眠的習慣。有計劃的睡眠要求你在入睡前半小時至一小時內，儘量放鬆。如有可能，看一本書，將自己從緊張狀態中解放出來。

7、幫助別人

緩解憂鬱症的另一個有效的方法就是助人。憂鬱症患者情緒低落的原因就在於沉溺於自己的苦悶之中。如果移情於他人的痛苦之中，熱心的幫助他人，就能把自己從憂鬱中解救出來。泰斯的研究

發現，投身於志願者助人活動中是改變心境的最佳的方法。然而，這也是人們最少採用的方法之一。

8、服藥

如果以上的方法都還不行，最後的選擇就是服藥。請注意，我們認為服藥是最後的選擇，而不是最初的選擇。服藥對憂鬱症的治療是有效果的，據醫生說，病況嚴重的人吃過抗憂鬱藥之後，有些會在4至6個星期內轉好。我們還認為，在服藥的同時，以上的方法仍需採用。這是心病，心病還要心藥治。

固執

說起固執，不得不先談談另一個心理學概念———堅持性。個體在行動中能夠持之以恆，堅持到底，稱為意志的堅持性。具有堅持性的個體，不會因成功而驕傲，也不會因失敗而氣餒。始終能夠以充沛的精力和堅韌的毅力工作、學習、生活，榮辱在所不計，毀譽無動於衷，沉默而頑強地走自己的路。

電影《一個都不能少》中魏敏芝的形象就很讓人感動。當山村姑娘魏敏芝勉為其難地當上代課老師時，她牢記老教師的「一個都不能少」的囑託，嚴嚴實實地看管著一群與她年齡相仿的孩子們，恪盡著她的職責。當一個男孩因家境貧困而進城去打工時，魏敏芝心裡想的仍是要千方百計地找他回來。尤為感人的一幕是，在好心人指點她到電視臺登「尋人啟事」，而她又身無分文，她得知只有找台長才能解決問題時，她站在電視臺門口，對著每一個出入的戴眼鏡的男子問：「你是台長嗎？」場景幾乎是同一種窘迫的躲避的姿勢，但她仍鍥而不捨地追問著，用著同一種探究的然而也是固執的神情，終於，台長走出了他的辦公室，走向了這個固執的女孩，終於，在電視上出現了魏敏芝那急切的呼喚：「你在哪裡？你回來

呀！......」終於那男孩回到了學校，更大的寬慰是，來自社會的關懷也因此進入了那個從不被人知的山村小學校。

這種「固執」不是固執，而是一種可貴的堅持精神。不過，不能把所有喜歡「一條道跑到底」的人都看著是具有堅持精神的人。如果事實證明這根本是一條走不通的道；如果你的觀念或行為已被證實是錯誤的、荒謬的而死不改悔，那就叫「不見棺材不掉淚」。我們崇尚堅持性，反對固執。

固執的引發常與不恰當的自我保護有關。自己無法客觀地認清事物或情境，但又不肯聆聽老師、同學、家人、朋友的勸說，因為那使他們感到自尊心受損，或者根本不能接受與自己思路相左的觀念。他們常常身陷困境而不能自拔、執迷不悟，還要找出很多幼稚的理由來欺騙自己，從而受盡許多毫無意義的、甚至是虛幻的折磨。

有個瞎子，在經過一條乾涸了的小溪，不慎失足掉落橋下，所幸他兩手及時抓著橋旁的橫木，大喊救命。路人告訴他不要怕，儘管放手，底下便是地面。瞎子不信，抓著橫木，仍然大哭大喊，直到力氣用盡，失手掉在地面，這時他才相信明眼人說的話，橋下的確沒有水，可是自己卻無端受了多少的驚嚇和辛苦。

固執不僅禍害自己，還會決及無辜。在大學裡，固執的人常跟同學搞不好人際關係。由於固執不能用理智來評價自身，也就不能客觀公正地去評價別人，不能贏得別人的理解和信任。也由於總是把自己的觀點強加於人，勢必會造成別人的心理反感，從而使交往在無形中產生一種「心理對抗」。還由於固執難免不與人發生爭執，影響與人的思想交流和融洽相處。總之，過於固執就無法與人溝通，會使你處於孤立無援、舉目無友的境地，最終導致懷疑自己的能力，動搖甚至喪失自信。

固執發展到極端狀態就是一種偏執型人格障礙，其主要特點是

敏感多疑、好嫉妒、自我評價過高、不接受批評、易衝動和詭辯、缺乏幽默感。

固執主要由以下兩個原因造成：

首先，自尊心過強是導致固執形成的基礎。自尊作為人的一種精神需要，是可以理解的。但有些人的自尊心只能用執拗、頂撞、攻擊、無理等方式來滿足，就會使固執在這種滿足中得到發展。

其次，浮誇、傲慢、懶惰、墨守陳規也是構成固執的要素。這種人常表現為情緒不穩定，社會適應性較差，對周圍環境或人漠不關心，易與人發生摩擦，處理不好人際關係。同時自己內心苦悶，又不能耐心地聽別人講話，因而使自己心底的鬱悶無處排解。愈是獨處，愈容易鑽牛角尖，一步一步地陷於固執的泥潭之中。

固執可以透過以下幾種方式加以調節：

第一，從書籍中獲得撫慰。實踐表明，經常閱讀偉大人物的傳記，能使固執的人得到心靈上的慰籍。豐富的知識使人聰慧、使人思路開闊、使人不拘泥於教條和陳規陋習。

第二，克服虛榮心。人無完人，都會有缺點和錯誤，用不著掩飾。要以真誠的態度來對待生活，追求美好的東西，不要刻意掩飾自己和趕時髦。更不要誇誇其談、不懂裝懂。

第三，克制自己的抵觸情緒，減少無禮的言語和行為。對自己的錯誤，要善於運用幽默，主動認錯，自我解嘲地找個臺階下，不要頑固地堅持自己的錯誤觀點。

第四，接受新事物的興趣。固執常常和思維狹窄、不喜歡接受新東西、對未曾經歷過的東西擔心相聯繫。為此，要養成渴求新知識，樂於接觸新人、新事，並從中學習其新鮮和精華之處的習慣。

逃避

進入大學，隨著我們社會角色的變化，承擔的責任更多、更重了。與之相匹配的是遇到的困難也就更多了、更大了。作為常人，天生都有一種惰性，勇敢地面對所有的困難不是每一個人都能夠做到的，人們多多少少總會有點逃避心理。有時是有意識的，有時是無意識的。這都屬正常，都可以理解，但要有個「度」，如果對必須面對、必須解決的基本問題也持逃避態度，就可能有病態之嫌了。

逃避行為有兩種基本方式，有一個寓言故事生動地詮釋了這兩種方式：

「影子真討厭！」小貓湯姆和托比都這樣想，「我們一定要擺脫它。」然而，無論走到哪裡，湯姆和托比發現，只要一出現陽光，他們就會看到令它們生厭的自己的影子。不過，湯姆和托比最後終於都找到了各自的解決辦法。湯姆的方法是，永遠閉著眼睛。托比的辦法則是，永遠待在其他東西的陰影裡。

湯姆和托比的解決問題的辦法代表了逃避的兩種基本方式：一是徹底扭曲自己的體驗，對生命中所有重要的負性事實都視而不見；二是乾脆投靠痛苦，把自己的所有事情都搞得非常糟糕，既然一切都那麼糟糕，那個讓自己最傷心的原初事件就不是那麼讓人心疼了。

表面上看，似乎把影子擺脫了，而實際上則給自己帶來了更大的麻煩和不便。由此可見，作為心理自我防禦機制之一的逃避心理，雖然可以作為解決問題的一個辦法，但它不是唯一的辦法，更不是可取的方法。

在許多情況下，人無法做到真正的逃避，逃避更無法真正地解

決問題。有些事情，雖然很痛苦，但現實註定你是逃不掉，你只能去勇敢地面對它、化解它、超越它，最後和它達成和諧。例如，在大學裡，你不喜歡高等數學，對之深惡痛絕，直面痛苦的人會從痛苦中得到許多意想不到的收獲，它們最終會變成生命的財富。

我們並不提倡面對所有的問題，所有的痛苦都不要逃避，「明知山有虎，偏向虎山行」，這話要看具體情況。如果非常有必要這麼做，可以「偏向虎山行」；如果必要性不是太大，更好的選擇是不行或繞道行。再則，面對過於痛苦的事情，適當的逃避也是必要的。在長期的生活中，人類提煉出了形形色色的方法去逃避痛苦，這些方式沉澱下來就是心理防禦機制。

不過，心理防禦機制如對事實扭曲得太厲害，它會帶出更多的心理問題，甚至會形成逃避型人格。

心理學家對逃避型人格的特徵定義為：

1、很容易因他人的批評或不贊同而受到傷害。

2、除了至親之外，沒有好朋友或知心人（或僅有一個）。

3、除非確信受歡迎，一般總是不願捲入他人事務之中。

4、對需要人際交往的社會活動或工作總是儘量逃避。

5、在社交場合總是緘默不語，怕惹人笑話，怕回答不出問題。

6、害怕在別人面前露出窘態。

7、在做那些普通的但不在自己（或她）的常規之中的事時，總是誇大潛在的困難、危險或可能的冒險。

只要滿足以上特徵中的四項，即可診斷為逃避型人格。

新弗洛伊德主義的主要代表人物霍妮對逃避型的人有過詳細的

分析。她認為：「這類人最明顯的特點是普遍地疏遠他人，甚至有對自我的疏遠，他們對自己都持旁觀態度，這與他們總的生活態度是一致的。他們的內心還有一種有關鍵意義的需要：即在自己和他人之間保持感情的距離。更精確地說，他們有意識和無意識地作出決定，不以任何方式在感情上與他人發生關聯，無論是愛情、爭鬥、合作、還是競爭。值得注意的是，逃避型的人並非一無是處，他們常常是內心衝突的優秀觀察者。他們有自強自立的需要，這種需要的一個明確表現是足智多謀。此外，一種更不可靠的維持自力更生的方式是有意識或無意識地限制自己的需要。如果需要依賴別人，他寧可放棄快樂。這種人還有一個突出的需要——保守個人隱祕。自立自強與保守隱祕都服務於他最突出的需要——絕對的獨立。逃避型人格的另一特點是有一種追求優越的強烈願望，他渴望成功，渴望成為獨一無二的人。他對未來有豐富的幻想，但又畏懼競爭。在感情方面，這種人表現出壓抑一切感情的傾向，甚至否認感情的存在。由於輕視感情，他們表現出對理性的強調，希望一切都僅憑理性思維得到解決，所以有不少奇思妙想出自這類人的頭腦。」

造成逃避最主要的原因是自卑心理，主要表現在下幾個方面：

1、自我認識不足，過低估計自己。每個人總是以他人為鏡來認識自己，如果他人對自己作了較低的評價，特別是較有權威的人的評價，就會影響對自己的認識，從而低估自己。

2、消極的自我暗示抑制了自信心。當每個人面臨一種新局面時，都會自我衡量是否有能力應付。有的人會因為自我認識不足，常覺得「我不行」，由於事先有這樣一種消極的自我暗示，就會抑制自信心，增加緊張，產生心理負擔，工作效果必然不佳。這種結果又會形成一種消極的反饋作用，影響到以後的行為，就這樣惡性迴圈，愈演愈烈。

3、挫折的影響。有的人由於神經過程的感受性高而耐受性低，輕微的挫折就會給他們以沉重的打擊，變得消極悲觀而自卑。此外，生理缺陷、性別、出身、經濟條件、政治地位、工作單位等等都有可能是自卑心理產生的原因。這種自卑感得不到妥善消除，久而久之就成了人格的一部分，造成行為的退縮和遇事迴避的態度，形成逃避型人格。

逃避心態的防治，可以從以下幾方面著手。

1、消除自卑感

正確認識自己，提高自我評價。形成自卑感的最主要原因是不能正確認識和對待自己，因此要消除自卑心理，須從改變認識入手。要善於發現自己的長處，肯定自己的成績，不要把別人看得十全十美，把自己看得一無是處，認識到他人也會有不足之處。只有提高自我評價，才能提高自信心，克服自卑感。

正確認識自卑感的利與弊，提高克服自卑感的自信心。心理學家認為，自卑的人不僅要正確認識自己各方面的特長，而且要正確看待自己的自卑心理。自卑的人往往都很謙虛，善於體諒人，不會與人爭名奪利，安份隨和，善於思考，做事謹慎，一般人都較相信他們，並樂於與他們相處。指出自卑者的這些優點，不是要他們保持自卑，而是要使他們明白，自卑感也有其有利的一面，不要因自卑感而絕望，認識這些優點可以增強生活的信心，為消除自卑感奠定心理基礎。

進行積極的自我暗示，自我鼓勵，相信事在人為。當面臨某種情況感到自信心不足時，不妨自己給自己壯膽：「我一定會成功，一定會的」；或者不妨自問：「人人都能做，我為什麼不能做？我不也是人嗎？」如果懷著「豁出去了」的心理去從事自己的活動，事先不過多地體驗失敗後的情緒，就會產生自信心。

2、階梯任務作業

階梯任務作業即是將需改進的目標分為許多層火　逐步加以完成的一種矯正方法。如果你逃避人際交往，就必須按階梯任務作業的要求給自己定一個交朋友計劃。起始的級別比較低，任務比較簡單，以後逐步加深難度。例如：

第一星期，每天與同事（或鄰居、親戚、室友等）聊天十分鐘。

第二星期，每天與他人聊天二十分鐘，同時與其中某一位多聊十分鐘。

第三星期，保持上週的交友時間量，找一位朋友作不計時的隨意談心。

第四星期，保持上週的交友時間量，找幾位朋友在週末小聚一次，隨意聊天，或家宴，或郊遊。

第五星期，保持上週的交友時間量，積極參加各種思想交流、學術交流、技術交流、感情交流活動。

第六星期，保持上週的交友時間量，嘗試去與陌生人或不太熟悉的人交往。上述梯級任務看似輕鬆，但認真做起來並不是一件輕鬆的事。你最好找一個監督員，讓他來評定你的執行情況，並監督你堅持下去。其實，第六星期的任務已超出常人的生活習慣，但作為治療手段，以在強度上超出常規生活一點為好。

在開始進行階梯任務法時，你可能會覺得很困難，也可能覺得毫無趣味，這些你都必須加以克服。在交流上有困難時，你應向有經驗的長輩或朋友討教，不要企圖在一開始就嚐到甜頭。這種練習是一種苦盡甘來式的練習，你甚至可以帶有一種演戲的態度去進行，這樣能有助於減輕練習時的焦慮。

3、反向觀念法

具有逃避型人格的人大多伴隨著認知歪曲現象，因此，治療的重點應放在改正認知歪曲現象上。反向觀念法即是改造認知歪曲的一種有效方法。所謂反向觀念法是指與自己原有的不良自我觀念唱反調，原來是以自我為中心，現在則應逐步放棄自我中心，學習設身處地為他人著想；原來愛走極端，現在則學習從多方位考察問題；原來喜歡超規則化，現在則應偶爾放鬆一下，學習無規則地自由行事。

逃避型人格者的錯誤觀念可以是這樣的：

我必須出類拔萃。

我必須萬事謹慎。

我必須提防別人，這世上不可能有完全知心的朋友。

少介入他人事務，以免麻煩。我的一切努力和花費都必須是高效率和有價值的。按照反向觀念法，應把以上錯誤觀念變成理性的、健康的觀念。改變後的觀念是：

我希望出類拔萃，只要經過努力，我會有所收獲的。

我必須做事謹慎，但並不排除勇敢與選取，即使失敗，亦應當作一次有益的經驗。我可以交各種各樣的朋友，儘管知音可能很少。

不管他人閒事，但他人有難，我當盡力相助。

我希望自己辦事高效率，即使效率不高，做總比不做好。

採用反向觀念法克服缺點可透過自我分析來進行。先按上述步驟分析自己的錯誤觀念，然後提出相反的改進意見，在生活中努力按新觀念辦事。這種自我分析可以定期進行，幾天一次或一星期一次，也可以在心情不好或屢遭挫折之時進行。認識上的錯誤往往是

無意識的，透過上述自我分析，就可把無意識的東西上升到有意識的自覺的層次上，這有助於改進不良心理狀態。

攻擊

攻擊是指：當個體遭受挫折後所採取的一種較為激烈的行為方式。攻擊性行為就其表現形式來講可分為直接攻擊與轉向攻擊。

直接攻擊是指個體受到挫折後，對引起挫折的人或物直接發起攻擊。如怒目而視，開口罵、動手打，以解心頭之恨。由於缺乏理智，往往不考慮後果，因而可能造成極為嚴重的後果。

1991年11月1日，盧剛，這位北京大學的博士研究生在美國愛荷華大學就學期間，由於未獲得愛荷華大學的斯普頓特1000美的論文獎，開槍打死了與該論文獎評比有關的6個人（包括他的導師和同是來自中國的同學）後，開槍自殺。

轉向攻擊行為是受挫者在受挫之後，憤怒情緒十分的強烈，由於種種的原因，不能攻擊使之受挫的對象，於是把憤怒的情緒指向自己或者與其挫折情景無關的對象（通常是比自己更弱者或無辜的第三者）。

例如某大學的一位男大學生失戀之後，他不能攻擊他曾經戀愛的女友，就用菜刀剁下自己的兩截手指。雖然似乎一時的緊張的情緒得到了緩解，然而，卻留下了終身的殘疾，並直接的影響自己正常的學習。這是轉向自己的攻擊行為。

有些學生因考試不理想或受到老師批評，心理不平衡又無法排解，就撕課本摔文具或在同學中間無端地發洩，把攻擊目標指向了與產生心理挫折毫不相關的人或物上，被攻擊者成了無辜的「替罪羊」。在古典文學名著《水滸》中有這樣一段描述：「林沖聽說自

己的內室被人欺辱，本想舉拳狠狠打那人，但一看調戲良家婦女者乃當今高太尉之子高衙內，便不敢下手於是只得將一肚子憤怒之情統統發往傢俱什物，打碎茶具，掀翻桌椅。」這就是轉向與挫折情景無關的對象的攻擊行為。

一般而言，對自己的容貌、才能、權力以及其他方面較為「自信者」和一些年幼無知、一帆風順的人，在受到挫折時容易採用直接的攻擊方式。而比較克制，力量較弱，自信心比較差的同學在受到挫折時則一般會採用轉向攻擊方式。

至於攻擊行為產生的原因，心理學家有多種解釋。

弗洛伊德認為人有兩種本能：生存本能和死亡本能。生存本能指向生命的生長和增進，死亡本能指向生命的結束和毀滅。死亡本能的攻擊性在於，它並不是表現為一種求死的慾望，而是表現為求殺的慾望。死亡本能向外表現時，就成為破壞、損害、征服的動力，而當它向外界的侵犯受到挫折時，便退回到自我，體現為自殺和自我懲罰的傾向。

弗洛伊德進一步認為戰爭也是由死亡本能決定的，它的破壞和殺害具有生物性的基礎，因此是無法避免的。有一種與弗洛伊德的本能論相似的理論認為，攻擊的本能在人體內會不斷積聚能量，達到一定度後就會變成攻擊的衝動而向外釋放。第二種是「挫折——攻擊」的理論假說。這種理論把攻擊行為看作是人受了挫折的一種後果，它認為攻擊行為的發生總是以挫折的存在為先決條件。這種理論強調了挫折與攻擊行為之間的因果關係。

也有人對這種理論假說提出批評。因為人們發現人在受到挫折之後並不必然爆發侵犯行為，有些人在受到挫折之後恰恰表現為退縮的行為。於是又有人出來修正這個「挫折——攻擊」假說，指出挫折只是引起攻擊行為的一種「準備狀態」，是否發生攻擊要看具體情況，並且這種「準備狀態」並不只是由挫折引起，還可能由

別人的攻擊或者習得的侵犯習慣引起。

以班杜拉的研究為代表的社會學習理論認為，攻擊行為是來自示範的作用。班杜拉提出，生活中人們常常是透過對他人的行為進行觀察和模仿，透過學習的過程最後形成自己的行為模式。所以攻擊行為常常是兒童透過觀察模仿而習得的，比如大眾傳播媒介中的暴力形象、父母的暴力示範都能引起兒童對攻擊行為的學習和模仿。

綜合起來說，一個人的攻擊行為，有一定的生物性的基礎，童年教養中的暴力環境會使一個人習得攻擊的模式，社會性的暴力示範會使一個人在行為中選擇攻擊行為作為應對世界的方式，而挫折會使一個人在挫折感達到一定程度後爆發突發性的攻擊行為。

攻擊行為雖然一解心頭之恨，圖了一時之快，但是之後要付出很大的代價。因此，我們要學會抑制自己的攻擊性行為。在這裡，我們給出以下的建議：

第一，合理宣洩。

不僅僅是攻擊，大部分心理問題在運用了宣洩的方法後，都會有不同程度的效果，所以，我們想對宣洩詳加介紹。

宣洩，意指一個具有侵犯性傾向或情感的人，如表現出若干攻擊性活動（包括想像中或替代中的），其侵犯性傾向和情感強度就會減弱。宣洩一詞最先由古希臘大哲學家亞里斯多德提出。他在討論悲劇的作用時認為，悲劇可以宣洩人們內心的情緒和淨化人們的心靈。弗洛伊德首次將宣洩的概念引入心理學，指出每個人都有一個本能的侵犯能量儲存器，在儲存器裡，侵犯能量的總量是固定的，它總是要透過某種方式表現出來，從而使個人內部的侵犯性驅力減弱。

這裡謹介紹幾種宣洩方式，早晚都會用得上。

方式之一──哭

在我們的日常生活中，當某人因某事而悲傷、痛苦之時，每每會有痛哭流涕的表現。而他周圍的人，都一個勁地勸他（她）不要哭。當他（她）不哭了，大家都以為平安無事了，一切都好了。

錯！錯！錯！

哭對於憂傷的人、痛苦的人、身負巨大壓力的人，有益無害。當人們在親朋好友面前大哭一場之時，並盡情傾訴心頭的委屈與痛苦，是一個非常好的心理釋放。這是因為，哭，作為一種純真的情感爆發，是人的一種保護性反應，是釋放體內積聚的神經能量、排出體內毒素、調整機體平衡的一種方式。1957年，美國化學家布魯納率先發現，動感情的眼淚與因洋蔥刺激而流出的眼淚，其化學成份有較大區別，後者的眼淚中所含的蛋白質比前者要少得多。美國生物學家福雷也發現，一個人在悲痛時所流出的眼淚與傷風感冒或風沙入眼流出的眼淚，所含的化學成份也不同。他指出，一個人在正常哭泣時，流出的眼淚只有100～200微升，即使是一場嚎啕大哭，也只有1～2毫升。但在這些逐漸流出的眼淚中，含有一些能引起高血壓、心率加劇和消化不良的生化物質，透過哭泣把這些物質排出體外，對身體當然是有利的。他甚至認為，男性胃潰瘍患者之所以高於女性，可能是男性受傳統的「男兒有淚不輕彈」的社會心理影響，強制自己不哭造成的。

醫學心理學認為：哭能緩解壓力。有這樣一個實驗：心理學家給一批成年人量血壓，然後按正常血壓與高血壓分為兩組，分別詢問他們是否哭泣過？結果87%的血壓正常者陳述有過哭泣的行為，而那些高血壓患者是的大多數都說他們沒有哭泣或極少哭泣。

我們不可能也沒必要像演員那樣硬擠眼淚，但我們在蒙受巨大壓力的時候，在適當的時間、適當的地點、適當的人面前，痛痛快快地哭一場，沒什麼不好，也沒什麼不可以。

方式之二——去發洩吧（或出氣室）

商品社會最大的好處，就是你有什麼需要，社會就會對你提供什麼樣的服務。聽說過「發洩吧或出氣室嗎？」在那裡，可以把想打的人痛打一頓，把想罵的人痛罵一番。（西方和日本的大企業，提供這種場所。）

在法國出現一個新興行業－運動消氣中心。中心有專業教練指導，教人如何大喊大叫、扭毛巾、打枕頭、捶沙發等。做一種運動量很大的「減壓消氣操」，在這個中心裡，上下左右都布滿了海綿，任人摸爬滾打，縱橫馳騁。

美國有一個專為白領人士服務的網站還曾建議白領可隨身攜帶一顆小皮球，鬱悶的時候、要發火的時候，就狠狠地捏它一下。

方式之三——替代性發洩

去看拳擊比賽、散打比賽、足球比賽。去看暴力片、看恐怖片。英國專家建議：人們感到工作有壓力，是源於他們對工作有責任感。此時他們需要的是鼓勵，是打起精神。所以與其透過放鬆來克服壓力，不如激勵自己去面對充滿巨大壓力的情境。

方式之四——把煩惱寫出來

把壓力、煩惱寫出來，那怕有點誇張－「為賦新詩強說愁」。

美國心理學家曾做過一個有趣的實驗：他們讓一組受試者寫出自己的壓力與煩惱，另一組受試者則寫日常生活中的一些普通話題，每4天一個週期，持續6周。結果發現，前一組受試者的行為表現更為積極，心態也更為平和。

在另一項實驗中，心理學家讓受試者表達出最使他們苦惱的情感，同時也取得了良好的效果。在實驗中，受試者連續5天，每天都用大約15分鐘的時間寫下自己「一生中最痛苦的經歷」，或

「當時最令人心煩意亂的事情」。這種自我表白的方法效果奇佳，受試者的情緒得到了很好的調整；因病缺勤的天數大大減少；免疫功能也有所增加。

這個自我表白的效果驚人：受試者的免疫力增強了，隨後半年裡去看病的次數大大減少，因病缺勤的天數也減少了，甚至肝功能也得到了改善。此外，受試者對其痛苦情緒也是無保留地表白，其免疫功能的改善程度就越大。研究發現，發洩愁悶情緒的最佳方式是：先把悲傷、焦慮、生氣等情緒統統表達出來，接著，在花幾天時間把它們寫在紙上，最後，從心靈的痛苦中找出某些有意義的東西。

冷漠

冷漠是指個體對壓力或挫折情境表現出漠不關心或無動於衷的態度。就是我們平時所說的「哀莫大於心死」。這是一種比攻擊更為複雜的心理反應，看起來，當事人十分冷靜以至冷靜得過分，但實際上他們的內心世界非常痛苦。冷漠主要表現為對人懷有戒心甚至敵對情緒，既不與他人交流思想感情，又對他人的不幸冷眼旁觀、無動於衷，顯得毫無同情心。

造成冷漠的主要原因有：

第一，個體本身長期的處在一種壓力狀態中，並頻繁的遭受挫折，感到壓力或挫折情境已經達到了自己無法改變的地步。有過抗爭的經歷，但是收效甚微。只能以「死豬不怕開水燙」的心態，任其自然發展。

在第二次世界大戰時被關在納粹集中營的人，起初他們企圖改善營中的生活，願意擔負各種事務甚至共謀反抗與逃脫。但在遭遇

一連串的挫折，逃亡不成功，而且遭到嚴厲的處罰後，他們漸漸地瞭解到，他們對於這個境遇完全是無能為力的。由此便產生了極端的冷漠，對什麼都不再關心了。甚至在戰爭結束，盟軍到來的時候，他們也是茫然不知所措，不敢相信和平真的來臨，他們已重獲自由。

第二，受到別人欺騙、暗算等心靈創傷或因種種原因受人漠視、輕視甚至歧視所致。他們在人際交往中帶上灰色眼鏡看待人生，以敵對的態度看待他人，對待他人。在他們的眼裡，世界是灰暗的，人性是邪惡的，生活是痛苦的。久而久之，逐漸失去了應有的熱情和同情心，變得冷漠直至冷酷。

第三，進入新環境的一種自我心理防衛。

這在大學生群體中比較普遍。來自五湖四海的人聚到了一起，每個人家庭成長過程（包含各種身心創傷）不同，自然呈現出各異的處世性格，在與同學交往的過程中，一些人因為不愉快的經驗而導致害怕失敗或者自卑。於是，不接觸、不反應的「冷漠」，就成了最佳的自我防衛機制之一，以避免「自曝其短」。

冷漠是引起人際關係不良的主要原因之一，試想，一個熱情開朗的人，一個冷若冰霜的人，你會選擇和誰做朋友呢？

有這樣一個心理學實驗：美國心理學家為從動物實驗中獲得有關愛的人類行為線索，為幼猴設計了五種人造母猴，觀察「母親」的拒絕會在幼猴的身上引起怎樣的反應：第一種偶爾用壓縮空氣吹幼猴；第二種會猛烈晃動，致使幼猴無法爬到母親身上；第三種裝有彈簧，能將幼猴彈開；而第四種「母親」的身上居然布滿了鐵釘。但這四種「母親」都未能將幼猴從它的「母親」身邊趕開，惟獨第五種體內灌有冰水的母猴使幼猴躲在牆角，並永久地拒絕了母親。

怎麼才能克服冷漠？我們給出以下的建議：

第一，就要找出導致自己冷漠的直接事件和心理原因。只有找到了原因才能夠對症下藥。

第二，學會傾訴。多和別人交流，特別是自己最親近的人交流，溝通，點燃自己生命的熱情。

第三，讓自己變得專注。

當你有所追求的時候，你就會充滿動力和熱情，開始不再無動於衷。現在，就為你自己下一個決定，選擇專注地做一件事情，或者是一個生活目標，或者是開始一個愛好，儘量選擇那些較容易的、比較能使你產生自信和快樂的事情，慢慢地讓自己的生活充滿積極的情緒。

第四，學會關愛別人。

冷漠的人總是把注意力關注在一些挫敗的情感體驗中，很少去關愛別人。應該嘗試讓自己心中有愛，例如：在公共汽車上為有需要的人讓座，打電話真誠地問候一些很久沒有聯繫的朋友，傾聽別人的心聲，並且想想自己可以為別人做什麼。

發起於澳大利亞的「抱抱團」也正是說明了關愛別人對於克服冷漠的重要性。

一個澳洲小孩舉著寫有「自由擁抱」的牌子，在雪梨的大街上試圖與陌生人擁抱。一開始並沒有人理會他，可慢慢地，路人被他的誠意所感動，主動走上前來擁抱他。很快，「抱抱團」成了風行世界的活動，短短2個月內，30多個國家的街頭都出現了這道獨特的風景。

當你去愛別人的時候，別人也會回報給你愛，點燃你心中的溫情，使你覺得生活充滿陽光和希望。冷漠除了讓你失去更多快樂之

外，別無任何益處。而改變冷漠的方法就是重新擁有愛和關懷。關懷你自己和別人，關心你身邊的事情，冰雪會在溫暖的情感下融化。

第五，在思想觀念上，不能把冷漠看成是超脫。

第六，學會熱愛生活，堅信生活是美好的，我們既然來到這個世界，就應該享受這個世界上一切美好的東西。

第七，多與人，至少與自己最親近的人溝通、交流，點燃自己生命的熱情。

第八，從小處做起，從容易的事做起，多多獲得成功體驗。

專欄

A

古希臘人在馬拉松鎮擊敗了入侵的波斯軍隊，希臘士兵斐迪闢興奮地從馬拉松鎮跑到雅典。全程42.195千米，他沒有在中途倒下，卻在報捷後立即昏倒在地，再也沒有醒來。為什麼會發生這樣的悲劇？如果雅典再遠三五十米，難道斐迪闢就堅持不住嗎？他一定能堅持下去，一定會到達目的地。悲劇發生的原因恰恰是因為目的地到達了，支援他的信念突然消失了，意志瞬間鬆懈，身體也隨之極度衰弱，於是生命之燈熄滅了。

B

美國作家歐·亨利在他的小說《最後一片葉子》裡講了個故事：病房裡，一個生命垂危的病人從房間裡看見窗外的一棵樹，在秋風中一片片地掉落下來，病人望著眼前的蕭蕭落葉，身體也隨之每況愈下，一天不如一天，她說：「當樹葉全部掉光時，我也就要死了。」一位老畫家得知後，用彩筆畫了一片葉脈青翠的樹葉掛在樹枝上。

最後一片葉子始終沒掉下來，只因為生命中的這片綠，病人竟奇蹟般地活了下來。

約會心靈：我是大學生活的贏家

作者：邰啟揚，費堅，呂玉

發行人：黃振庭

出版者：崧博出版事業有限公司

發行者：崧燁文化事業有限公司

E-mail：sonbookservice@gmail.com

粉絲頁 ▦   網址 ▦

地址：台北市中正區重慶南路一段六十一號八樓 815 室

8F.-815, No.61, Sec. 1, Chongqing S. Rd., Zhongzheng
Dist., Taipei City 100, Taiwan (R.O.C.)

電　話：(02)2370-3310　傳　真：(02) 2370-3210

總經銷：紅螞蟻圖書有限公司　網址：▦

地址：台北市內湖區舊宗路二段 121 巷 19 號

電話：02-2795-3656　傳真：02-2795-4100

印　刷：京峯彩色印刷有限公司（京峰數位）

定價：350 元

發行日期：2018 年 6 月第一版

◎ 本書以POD印製發行